隋の煬帝（「歴代帝王図巻」） ボストン博物館蔵。 Alamy 提供

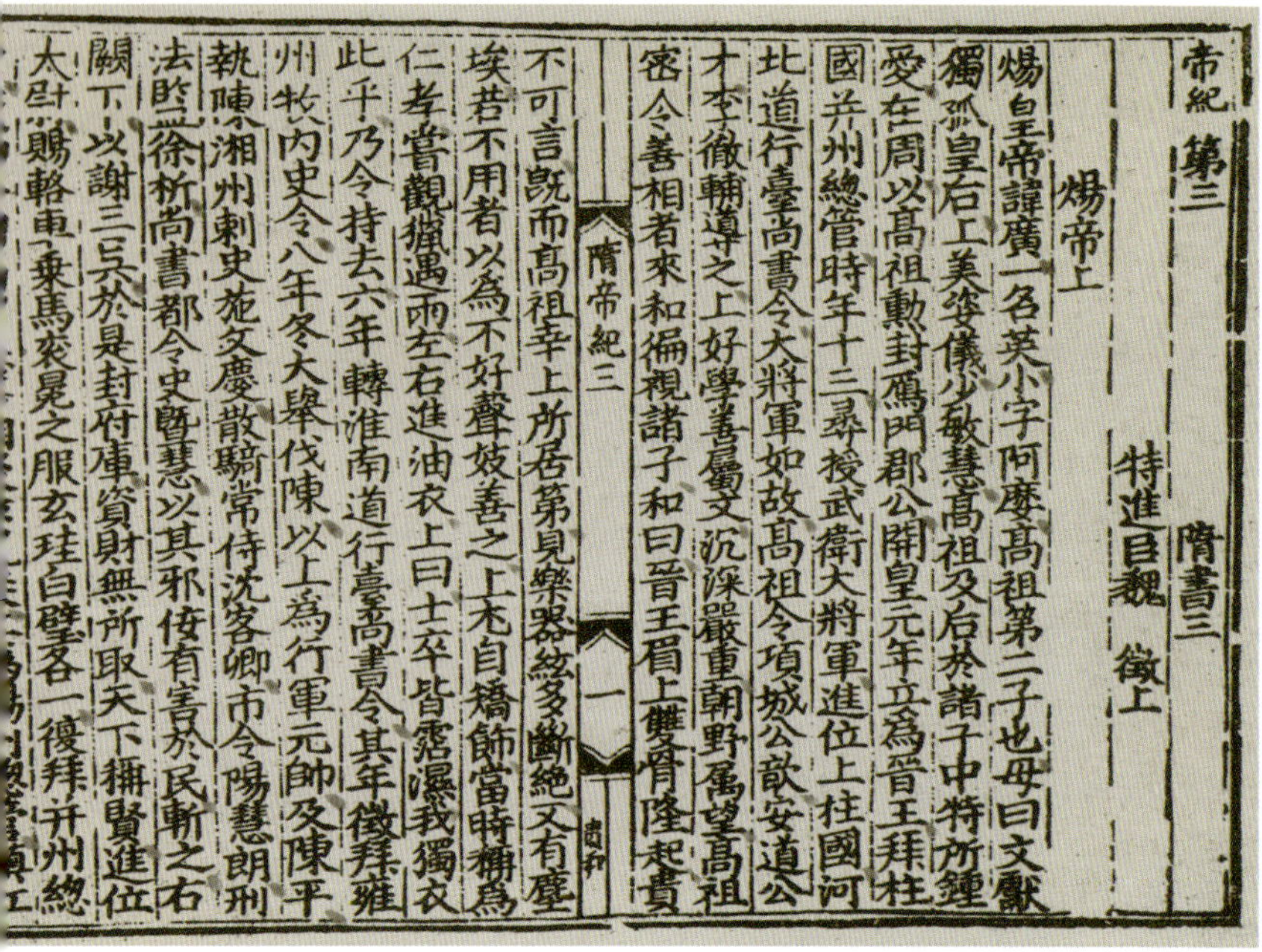

帝紀 第三

隋書三

特進臣魏 徵上

煬帝上

煬皇帝諱廣一名英小字阿摩高祖第二子也母曰文獻獨孤皇后上美姿儀少敏慧高祖及后於諸子中特所鍾愛在周以高祖勲封鴈門郡公開皇元年立爲晉王拜柱國并州總管時年十三尋授武衛大將軍進位上柱國河北道行臺尚書令大將軍如故高祖令項城公歆安道公李徹輔導之上好學善屬文沈深嚴重朝野屬望高祖密令善相者來和徧視諸子和曰晉王眉上雙骨隆起貴不可言既而高祖幸上所居第見樂器絃多斷絕又有塵埃若不用者以爲不好聲妓善之上尤自矯飾當時稱爲仁孝嘗觀獵遇雨左右進油衣上曰士卒皆霑濕我獨衣此乎乃令持去六年轉淮南道行臺尚書令其年徵拜雍州牧內史令八年冬大舉伐陳以上爲行軍元帥及陳平執陳湘州刺史施文慶散騎常侍沈客卿市令陽慧朗刑法監徐析尚書都令史暨慧以其邪佞有害於民斬之石闕下以謝三吳於是封府庫資財無所取天下稱賢進位太尉賜輅車乘馬袞冕之服玄珪白璧各一復拜并州總

隋帝紀三 一

「唐の太宗納諫図《のうかんず》」台北故宮博物院蔵。ユニフォトプレス提供

唐の太宗の書「温泉銘」（拓本）　パリ国立図書館蔵。

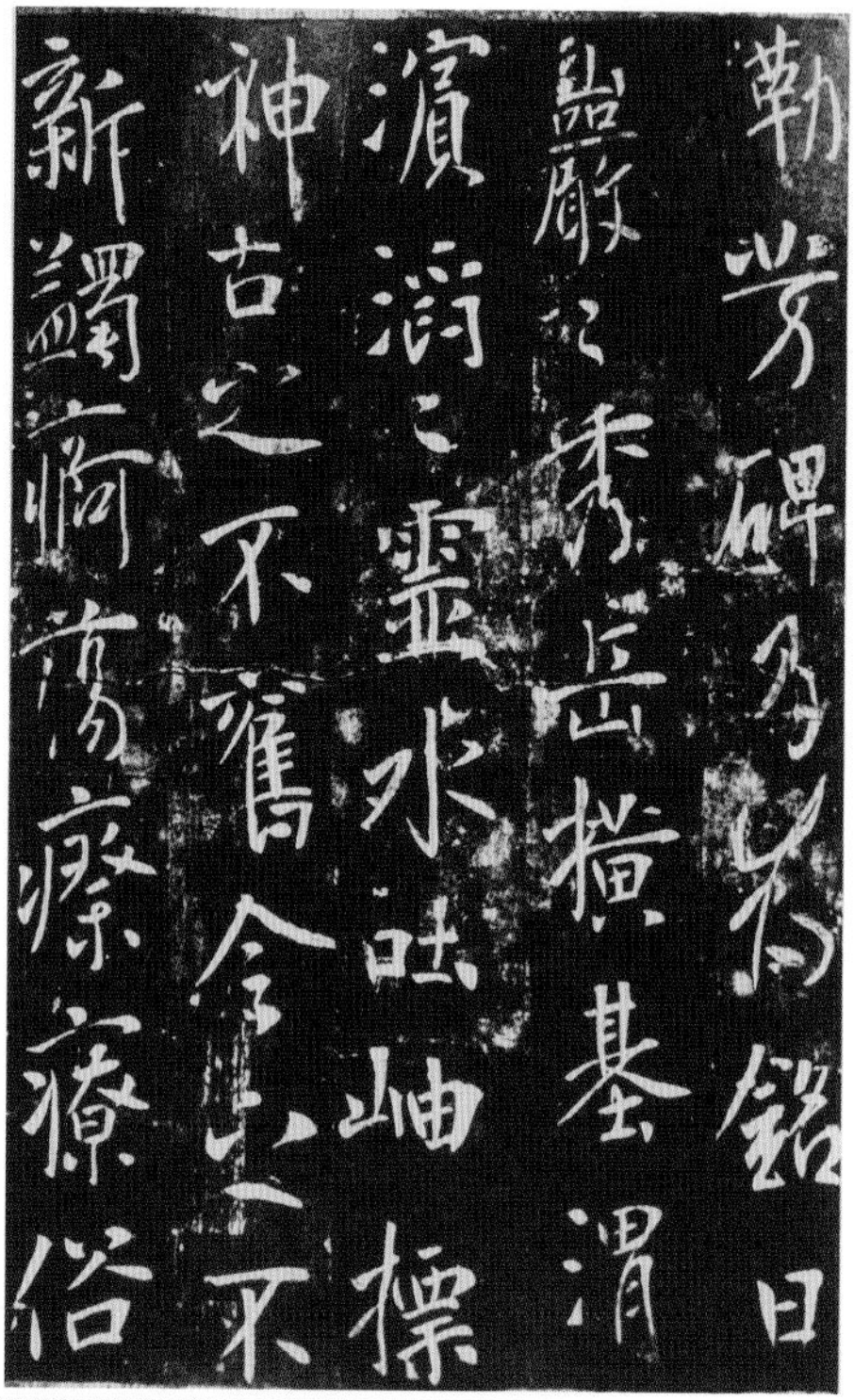

唐の太宗の陵墓「昭陵」　中国陝西《せんせい》省《しょう》咸陽《かんよう》市《し》。　ユニフォトプレス提供

新・人と歴史　拡大版 27

隋の煬帝と唐の太宗

暴君と明君、その虚実を探る

布目潮渢　著

SHIMIZUSHOIN

本書は「人と歴史」シリーズ（編集委員　小葉田淳、沼田次郎、井上智勇、堀米庸三、田村実造、護雅夫）の『隋の煬帝と唐の太宗』として一九七五年に、「清水新書」の『つくられた暴君と明君　隋の煬帝と唐の太宗』として一九八四年に刊行したものに表記や仮名遣い等一部を改めて復刊したものです。

はじめに

楊広《ようこう》＝隋《ずい》の煬帝《ようだい》と李世民《りせいみん》＝唐《とう》の太宗《たいそう》とは、高等学校世界史の教科書にたいていその名前が出ている。楊広は、父楊堅《ようけん》＝隋の文帝が約三七〇年にわたる中国の分裂を統一して、中央集権国家を確立した後を受け、東都洛陽《らくよう》の大規模な造営や、中国の南北を水路で結ぶ大運河の完成のために大量の人民を動員し、また北方のトルコ族の突厥《とっくつ》や、北朝鮮にあった高句麗《こうくり》を三次にわたって遠征して人民を苦しめた。そのため各地に反乱がおこり、楊広は殺害され、ついに隋は滅亡した。一方、李世民は、父李淵《りえん》＝唐の高祖《こうそ》を助けて唐を興し、やがて唐の第二代皇帝となり、多くの賢臣名将を登用し、平和の世を現出させ、その治世は「貞観《じょうがん》の治《ち》」とよばれる。李世民はたんに唐の代表的皇帝であるだけでなく、中国を、あるいは東アジアを代表する明君とされている。

以上のように、教科書的に見てみると、楊広と李世民はかなり異質の皇帝のようである。しかし実際には、楊広の母と李世民の祖母は姉妹で、血縁関係もかなり濃い。またその祖先も両者ともに北方遊牧民である鮮卑《せんぴ》族か、あるいは漢人であったとしても鮮卑化した漢人であって、鮮卑拓跋《たくばつ》部の立てた北朝後半期の北周《ほくしゅう》において勢威をはった支配集団の出身である。またこの二人はともに次男であり、兄の皇太子を殺して帝位についた点も共通している。ただ二人の結末として、楊広は隋の亡国の君となったのに対し、李世民はそののちおよそ二五〇年にわたる唐朝の基礎を固めた点は大きく相違している。

これからこの二人の伝記を通じて、中国の七世紀前半、隋末唐初の時代を見ていくことになる。この七世紀前半という時代は、アジアでは、不思議にも各地で英主が続出した時代である。わが国では、開明プリンス聖徳太子が出て、遣隋使《けんずいし》を派遣し、堂々と隋に対し対等外交を試みようとしていた。その相手はほかでもない楊広＝隋の煬帝である。アラビアでは、ムハンマドがアッラーの使徒としての自覚を持ち、イスラム教の布教を始めたときは隋の煬帝の治世にあたる。インドでは、ハルシャ＝ヴァルダナ王（戒日王）が出て、南インドを除く全インドをほぼ統一し、グプタ帝国没落後のインドに再統一をもたらした。ハルシャ王は晩年には仏教に帰《き》依《え》し、唐の太宗のとき、インドにはるばる留学した三蔵法師玄奘《げんじょう》を好遇したことは名高く、またハルシャ王の使節は唐の太宗のもとへ来朝している。

一般に、楊広は暴君、李世民は明君とされている。しかし以下の叙述では、たんにその暴君明君の面だけではなく、その陰にひそんでいるそれぞれの反対の面にも眼を向け、またどのようにして暴君明君が史料的に形成されていったかの点にもできるだけ着目して書いていきたいと考えている。

目次

Ⅲ　煬帝の治世

高
句
麗
遼
河
新城
遼東城
(遼陽)
営州
(朝陽)
懐遠鎮
安市城
鴨
緑
江
薩
水
清
川
江
平壌
浿
水
(大同江)
(ソウル)
百
済
新
羅
慶州
扶余
撫冥鎮
柔玄鎮
懐荒鎮
高開道
漁陽
(薊)
郭子和
楡林
平城(大同)
涿郡
(北京)
渤海
劉武周
馬邑
定州
竇建徳
楽寿
蓚
永済渠
東莱
(掖)
黄
海
李淵
太原
(并州晋陽)
清河
漳南
平原
鄃
博陵安平
泰山
劉黒闥
洛州
宇文化及
鄴
(相州)
黎陽
方山
徐円朗
任城
黄
河
李密
洛
口
倉
瓦岡
通済渠
山陽瀆(邗溝)
底柱山
沙苑
回
東都洛陽
滎陽
済陰
李子通
江都(揚州広陵)
閿郷
王世充
寿春
沈法興
長安
華陰
李淵
広
通
渠
朱粲
鄧州
光州
杜伏威
六合
建康
(南京)
歴陽
毗陵
江南河
輔公祏
余杭
会稽
采石
東
海
随
長
江(揚
子江)
永安
後梁
江陵
廬山
蕭銑
巴陵
(岳陽)
林子江
豫昌
(南昌)
潭州
(長沙)
(台北)

隋煬帝と唐太宗の関係要図

序章

❖暴君・明君とは何か

「はじめに」でも書いたように、楊広＝隋の煬帝は中国史で代表的な暴君とされ、李世民＝唐の太宗は中国史上さらには東アジア史上の明君の第一にあげられている。

暴君とは、自分の欲望のおもむくままに勝手きままなことばかりして人民を苦しめる君主である。しかしこれには二通りあると思う。その一つは、政治上になんらの認めるべき成果がなく、私生活についても背徳的な行為の多い人物である。もう一つは、政治的には必ずしも無能ではなく、種々の政策を試みるが失敗が多く、個人的にも背徳的な行為の多い人物である。隋による南北朝統一以前の北族出身の北朝や漢人王朝である南朝には、前者の徹底的破滅型の暴君がまま見られた。楊広は、暴君であるとしても後者の型であって、政治上ではかなりの見識を持った君主であった。いろいろと新しい政策を試み、それには功罪両面があったのである。しかし無謀な三次にわたる高句麗《こうくり》大遠征に失敗して、晩年は天下の反乱をよそに自暴自棄の個人的快楽にふけり、最後は臣下に殺害されて、隋朝を滅亡させ、暴君の烙印《らくいん》を押されてしまった。

明君とは、暴君とは反対に、個人の欲望はつとめて抑え、人民の希望をよく取り入れて平和をもたらす君主である。『貞観政要《じょうがんせいよう》』という書物は、李世民とその臣下の問答書であるが、李世民の明君ぶりはこの書物によってひとり中国だけではなく、早くから漢字文明を受けいれた中国周辺諸国に伝わった。わが国でも平安時代に伝わって、そののちもひき続いて読まれ、政治を志す者の教科書となってきた。源頼朝の妻で尼将軍といわれた北条政子が翻訳させた『仮名《かな》貞観政要』、徳川家康が刊行した『古活字本貞観政要』、江戸時代に紀州藩の刊行したものなどいまもかなり見られる。鎌倉時代に活躍した宗教家日蓮の自筆本『貞観政要』もいまに伝わっている。これは日蓮が説法に利用するためみずから書き写しておいたものであろう。朝鮮でも李朝において刊行されたものが伝わっている。『貞観政要』の開巻第一の君道篇において、李世民は名高い諫臣《かんしん》（よく諫《いさ》める臣下）の魏徴《ぎちょう》に、明君・暗君とは何かとたずねている。それに魏徴は次のよ

置此於開巻之首其有所
取也夫抑有所感也夫
貞觀二年太宗問魏徴曰何謂爲明君暗君
徴曰君之所以明者兼聽也其所以暗者偏
信也詩云先人有言詢于芻蕘詩大雅板篇之辭芻蕘採
薪之人言雖賤而不棄也人詩作民蓋避太宗諱故以人代民他皆類此昔唐虞
之理堯曰陶唐氏舜曰有虞氏理本作治蓋避高宗諱故以理代治他皆類此闢
四門明四目達四聰虞書史贊舜之辭謂開四方之門以來天下之

『貞観政要』古活字本　巻一、明君暗君の条

うに答えている。明君となるには兼聴《けんちょう》（多くの人の言葉をよく聞き入れること）でなければならず、暗君は偏信《へんしん》（一方の人のいうことだけ信ずること）のためにおこると答えている。『貞観政要』のなかに一貫して流れているのは、よく諫言（いさめの言葉）を受けいれている姿である。そしてその結果が「貞観の治」とよばれる太平の治世の出現とされ、李世民は明君と仰がれている。

これから楊広と李世民の伝記を書いていくにあたって、私は単純に楊広は暴君、李世民は明君とする立場からは書きたくない。歴史を考察していく場合、はじめから悪玉善玉のレッテルをはってしまえば通俗ドラマ的でわかり易いかもしれない。しかしとくに人物を見ていくとき、簡単に価値評価を決めてしまうと、かえってその真相を見失う恐れがあるからである。その一例をあげてみよう。

ヨーロッパ史上で暴君の代表はローマ皇帝ネロ（在位五四～六八）である。ネロは多くの一族や近臣を殺害し、とくに愛人の言葉を信じてその母を殺し、妃を離婚して処刑し、その愛人と結婚するというような背徳を犯した。しかしとくにネロが暴君の名を頂戴したのは、ローマ皇帝として最初のキリスト教徒迫害者とされたためのようである。このキリスト教徒迫害の真相は今日では必ずしも明らかではない。一方、ネロには、ギリシア文化の擁護者としての一面や、また詩人としても、さらに竪琴《たてごと》の演奏者としても一流であった面も伝えられている。ネロの場合でも、実は徹底的破滅型の暴君ではなく、キリスト教徒を最初に迫害した皇帝としてのレッテルがはられてしまって、暴君に仕立てあげられた形跡が観取される。

❖亡国の暴君と開国の明君

中国の古伝説の時代は暴君・明君の話が多い。暴君としては夏《か》の桀《けつ》王がまずあげられる。伝説によれば、桀王は人民を虐待して酒池肉林の快楽にふけって夏《か》を滅亡させたという。また殷《いん》の紂《ちゅう》王（帝辛《しん》）は体力気力ともにすぐれていたが、専断的で、臣下の諫言を用いず、美女妲己《だっき》を熱愛して歓楽にふけり、一族の多くを殺害し、ついに殷を滅亡させてしまったという。桀王は少しは史実のあった紂王をモデルに作られたといわれている。

古伝説時代の明君にはまず堯《ぎょう》・舜《しゅん》・禹《う》がある。堯は天文暦数を定め、群議を重んじ、賢人を用い、天下は大いに治まった。しかし堯は不肖の子である丹朱《たんしゅ》に後を継がせず、孝行の評判の高い舜を自分の娘むことして帝位を譲った。舜もよく天下を治め、洪水をふせいだ禹に帝位を譲り、禹が夏を開いた。夏は暴君桀王のために滅び、明君の湯王が殷を開き、また暴君紂王のために殷は滅んだ。以上のように、中国では、徳行の高い人が明君で、王朝創業の君主がこれに該当し、桀・紂のような暴虐な君主が出るとその王朝は滅亡することになっている。これは中国人の政治観を如実に示していると見られる。

李世民は父李淵＝唐の高祖を補佐して唐朝を興した。この場合に、打倒の対象となったのが楊広＝隋の煬帝である。李世民を明君とみなしていくにつれ、一方楊広はますます暴君とされていかねばならない面がある。以上のような中国人の政治観による亡国の暴君と開国の明君というパターンにしたがって、楊広は暴君に、李世民は明君に仕立てあげられた可能性がある。

❖楊広と李世民の共通点

楊広と李世民は一方は暴君、もう一方は明君とされているにもかかわらず、たがいに共通点もあることは、先にも少し触れたが、もう少しくわしく述べてみよう。

第一に、二人はともに、北周・隋・唐にわたる関隴《かんろう》支配集団（後に詳述）の出身であり、その祖先はともに北魏の北鎮の一つである武川鎮《ぶせんちん》（内蒙古自治区武川県）に在任し、西魏の末年（五五〇年ころ）には、楊広・李世民の祖父ないし曽祖父は西魏の常備軍の中心幹部である柱国大将軍および大将軍のメンバーであった。また以上のような関係から両家は婚姻の面でもかたく結ばれ、楊広の母である隋の文帝の文献独孤《ぶんけんどくこ》皇后と李世民の祖母、すなわち李淵の母は姉妹であった。世民が世代では一代下がり、年齢ではちょうど三〇歳の差があった。

第二に、二人はともに次男で、兄の皇太子を倒して帝位についた点も共通している。楊広は兄の太子勇がさほど欠点もないのにこれに代わって皇太子となり、ついで父の文帝をおそらく殺害したといってよい状況ののちに帝位についた。李世民は兄の太子建成とそれと結ぶ弟の斉《せい》王元吉《おうげんきつ》を「玄武門の変」で殺害し、父の高祖を押しこめて帝位についている。

第三には、楊広は父の文帝が危篤《きとく》のときに、父の妃の宣華夫人に関係を迫り、父を激怒させ、父の死後には宣華夫人と関係を結んだ。李世民は、玄武門の変ののち、弟の斉王元吉の妃の楊氏を自分の妃にし、巣《そう》王明がその間に生まれている。いずれも中国人の道徳として許されないことである。

第四には、二人ともに北朝鮮の高句麗遠征を数次にわたって行って失敗した。楊広はそれが致命傷となり、反乱を各地にひきおこし、ついに隋は滅亡してしまった。一方、李世民も高句麗遠征のため遠い蜀《しょく》(四川省)において造船の督促が急なあまり反乱がおこっている。もっともこの方は人民の不満がひろがらないうちに鎮定に成功して、滅亡にはいたらなかったという違いはある。

楊広は偏信したのに対し、李世民はよく諫言を受けいれたことが明君とされる最大の理由であろう。しかし李世民は軽々しく高句麗遠征をしてはならないという生前の魏徴《ぎちょう》の諫言を無視して遠征を行って失敗し、のち魏徴の言を追懐して反省した。あとで反省するより行わなかったほうがよいに決まっている。また李世民は死の直前に、みずから不善の多かったことを認め、錦繡珠玉《きんしゅうしゅぎょく》を身のまわりに絶やさず、宮殿の大建築をしばしば興し、犬馬鷹隼《たかはやぶさ》を遠方から取り寄せ、四方に巡幸して、人民に迷惑をかけたことを後悔している。李世民はけっして非のうちどころのない聖人君子ではなかったのである。

❖作られた暴君と明君

楊広についての正式の史料は『隋書《ずいしょ》』である。この書物は李世民の即位ののち勅命によって、魏徴らが編集した紀伝体（本紀＝皇帝の年代紀と列伝を主な要素とする）の正史であって、八五巻ある。李世民に仕える魏徴らにとって、楊広の悪い面を強調すればするだけ、唐朝および李世民の正統性が主張されることになる。とくに『隋書』の場合、その編集が早く、隋の滅亡後の二〇数年内に完成している。それは楊広と戦った人が多く現存している時代である。魏徴自身は隋末の反乱期には群雄中一時は最大の軍団を持つ李密に仕えていた。もちろん、中国には史書編纂の伝統があり、無茶苦茶な一方的な編纂は許されない。しかし編纂された時代と編集にたずさわった人々の立場はどうしても避けられないものである。こうし

司馬光画像

たことによって、楊広についてはマイナスの面がどうしても強調され、楊広を暴君に仕立てあげていったと考えられる。

中国人の伝統的史観にとらわれないエール大学のラトウレット教授は、その著『シナ人 その歴史と文化』において、次のように楊広を評価している。

煬帝はシナの正統派歴史家たちの手によって悪者になったものらしい。かれらは煬帝の欠点弱点を誇張しているようであるからである。煬帝は明らかに旺盛《おうせい》な精力と人並以上の手腕を具《そな》えた人物であった（岡崎三郎邦訳上巻一八五頁）。

と喝破《かっぱ》している。

また李世民について、あまりにも史料が善事をすべて世民に帰している点を早くから例証したのは、『資治通鑑《しじつがん》』の著者の司馬光（一〇一九～八六）が『通鑑考異』においてである。以下の私の叙述においても、楊広については、つとめて後世の史家がこしらえ上げたその暴君性を取り去って正当な評価に改め、李世民については、明君性の下に伏在する非明君性の部分にも眼を向けていきたいと思っている。しかし残念なことに、肝心の基礎史料がこのようであってはいかんともしがたい面が多いことはご諒解いただきたいと思う。

I

隋の成立

楊氏の家系

❖楊氏の遠祖は

楊広の父は楊堅《ようけん》といい、隋朝を興し、帝号では文帝、廟号《びょうごう》では高祖《こうそ》という人である。この隋室の楊氏は弘農《こうのう》（郡）華陰《かいん》（県）（陝西《せんせい》省の東南部、潼関《どうかん》の西）の楊氏と称し、その遠祖に後漢の太尉《たいい》の楊震《ようしん》（一二四年死去）がいる。太尉とは、司徒・司空と並ぶ最高官の一つである。楊震は「関西の孔子」と称せられた学徳兼備の人物である。かれが郡の太守《たいしゅ》（長官）として赴任の途次、かつて推挙してやった者が賄賂《わいろ》を持って夜訪ねてきた。楊震は、

あなたの古なじみである私はあなたのことを憶えています。それなのにあなたは私のことを憶えていないのはどういうわけですか。

というと、その賄賂を持ってきた者は、

夜だから誰にもわかりませんよ。

という。そこで楊震は、

楊震「四知坊」　陝西省華陰県の楊震の墓前にある

天知る。神知る。我知る。子知《なんじ》る。どうして誰も知らないというのですか（『後漢書』列伝第四四、楊震）。

といったので、その人は恥じて去ったという話が伝わっている。これは「楊震の四知」といわれて、誰にもわからないと思っても必ずばれるものだという教訓に昔から使われてきた。

楊震以後の系図は次の通りである。

楊震……鉉《けん》―元寿―恵嘏《けいか》―烈《れつ》―禎《てい》―忠―堅―広

ところが楊震と鉉の間は二種類の系図（『隋書』文帝紀と『新唐書《しんとう じょ》』宰相世系表）が全然合わない。『隋書』の方は鉉を楊震の八代の孫としているのに対して、『新唐書』の方は一九代の孫となっているばかりでなく、両系図ともに途中に名前も不明の世代が多い。これらはいずれも偽作の系図で、それには二通りあったことになる。一つは隋代にすでに偽作されており、一つは唐代になってからの偽作であると思われる。したがって、楊広を後漢の楊震の子孫とみなすことはできないわけである。これは隋室の楊氏を漢人出身としなければ都合が悪いと思っての仮託《かたく》とみなされる。

以上のように考えると、隋室の楊氏が本来どのような家柄であるかを探求しなければならない。あるいは鮮卑《せんぴ》族（その拓跋部が北魏を開いた）ではないかともいわれているが、それは鉉の子の元寿に由来する。これについては次項で説明する。

鉉については、「燕の北平太守」もしくは「燕《えん》の北平郡守」であったことが系図に見える。郡の長官を太守というから、両者は同一官名を示している。「燕」とは、五胡十六国時代には前燕・後燕・西燕・南燕・北燕という国名があり、どの燕か判明しない。

❖北周・隋・唐の原点

楊鉉の子の元寿が武川鎮の司馬の官にあったことは二つの系図にともに見える。武川鎮とはいったいどのようなところであろうか。

北魏《ほくぎ》（三八六～五三四）ははじめ首都を平城（山西省大同）に置いた。その北に当たる陰山山脈中には、首都防御のための北鎮もしくは六鎮《りくちん》とよばれる六つの鎮があった（西から、沃野《よくや》鎮・懐朔《かいさく》鎮・武川鎮・撫冥《ぶめい》鎮・柔玄《じゅうげん》鎮・懐荒《かいこう》鎮と東西に並んでいる）。その一つが武川鎮（内蒙古自治区武川県）である。武川鎮の鎮とは、州鎮と並称されているように、州とならぶ北魏の一つの行政区画で、その司馬とは都大将の下で事務次長の地位にあった。

北魏が東西に分裂（五三五）してのち、西魏の実権者となった宇文泰《うぶんたい》（その子の宇文覚が北周を開いた）も武川鎮の人といわれるが、この宇文氏は鮮卑宇文部の出身である（異説あり）。宇文泰の四世の祖に宇文陵という人があり、この人が北魏の捕虜となって武川に移され、武川の人となった。また李世民の六世の祖の李熙《りき》も豪傑を率いて武川に移っている。武川鎮は実に北周・隋・唐の開国者の祖先の居住していたところであり、北周・隋・唐三王朝の原点の観があった。

この武川鎮にはどのような人たちが勤務していたのであろうか。ここは、前述のように、北魏に対する北方からの侵略に対抗するための首都防備の第一線であるから、北魏の根幹を構成する鮮卑拓跋部が中心になっていた。また漢人の良家出身の者でここに移されているものもあり、はじめは共に傜役免除《ようえき》の特典を持ち、将来は首都に帰って栄達が約束されていた。しかし北魏の孝文帝（在位四七一～四九九）は漢文明に心酔し、鮮卑族固有の言語服装も漢人風に改め（胡服胡語の禁）、ついには、首都も北方の平城から黄河の南の洛陽（河南省）に移した（四九四）。それ以後、六鎮の重要性は薄れ、鎮には南方からの流刑者が多くなり、それにともない、六鎮の軍士の身分も低下し、賤民化の傾向さえ生じてきた。また幹部たちも栄達の望みを失い、そのため六鎮軍士の不満は高まってきた。この不満の爆発が五二三年（北魏孝明帝の正光四）におこった沃野鎮における破六韓抜陵《はろくかんばつりょう》の反乱である。この反乱はたちまち六鎮全体にひろがり、南方にも波及し、北魏全体が混乱におちいってしまった。武川鎮を含む六鎮は実に北魏末年動乱の発火点でもあった。その結果、北魏が東魏・西魏に分裂することになった。東魏の実権者は懐朔鎮出身の高歓《こうかん》であり、西魏のほうは前述した武川鎮出身の宇文泰である。

なお隋室の楊氏にとって、武川は単なる祖先の一任地でなく、重要な意味を持つゆかりの地であったことは、後年、楊広の祖父にあたる楊忠が軍を率いて武川を通過したとき、その旧宅で、先祖を祀り、将士のために宴会を開いている（『周書』楊忠伝）ことによっても裏づけられる。

また楊元寿が武川鎮司馬になってのちの楊広の祖先の恵嘏《けいか》・烈《れつ》・禎《てい》については、郡太守・将軍などの官職が判明するほか伝記の詳細はわからず、楊広の祖父の楊忠にいたってはじめて大きく西魏・北周の政界に登場してくる。

❖北朝の推移

ここでしばらく楊氏一家のことを離れて、隋朝成立前の形勢を理解するために、北朝の推移と、東魏・西魏、つづいて北斉《ほくせい》・北周の分立状況を概観しておこう。情勢が錯雑《さくざつ》していて読みづらいと思うが、しばらく我慢していただきたい。

西晋の末年、北辺の安寧をはかるために、愍帝《びんてい》は五胡の一つである鮮卑族の拓跋猗盧《たくばついろ》を代王に封じた（三一五）。これが鮮卑拓跋部が台頭する端緒となった。五胡の蜂起によって西晋は滅亡し(三一六)、そののち拓跋珪《けい》は自立して道武帝と称し(三八六)、国号を魏《ぎ》と定めた。三国時代の魏(曹魏《そうぎ》)と区別するために北魏あるいは後魏《こうぎ》とよぶ。ついで後燕《こうえん》を滅ぼし、首都を平城(山西省大同)に置いた。道武帝は漢人風の政治を行い、拓跋部に服属した匈奴や鮮卑の諸部族を解体して中国風の戸籍に編入し、漢人を登用して国政に当たらせた。道武帝の孫の太武帝のときにいたって、ついに華北の統一に成功し、五胡十六国時代を終結させ(四三九)、漢人の国家である南朝の宋と対立し、南北朝時代となった。

北魏の孝文帝は、先にも少しく触れたように、首都を洛陽《らくよう》(河南省)に移し(四九四)、漢化政策を推進し、拓跋氏も漢人風に元《げん》氏と改め、漢人との通婚を奨励した。しかしこれは反面において、北族固有の風を失わせ、奢侈《しゃし》文弱の風をはびこらせることになった。孝文帝の孫に当たる孝明帝は幼少で即位し、政治の実権は母の霊太后《れいたいこう》が握った。霊太后は仏教を尊崇し、寺院を多く建立したため、財政が窮乏し、世情は不安となってきた。このときに突如として勃発したのが先に述べた六鎮における破六韓抜陵《はろくかんばつりょう》の反乱である(五二三)。

北魏は動乱のちまたと化し、その混乱のなかで孝明帝は霊太后に毒殺された。このとき、北族出身の爾朱栄《じしゅえい》は君側《くんそく》の奸を除くと称して洛陽に進出し、孝荘帝を擁立し、霊太后を黄河に沈め、大官二〇〇〇人を虐殺し(五二八、河陰の変)、華北をだいたいその手中に収めた。しかし孝荘帝は爾朱栄を嫌い、これを殺した(五三〇)。そこで爾朱氏一族は猛然と復讐に立ち上がり、孝荘帝を捕らえて殺し、節閔帝《せつびん》を擁立した（五三一）。このとき、爾朱氏の部下から台頭してきたのが高歓《こうかん》である。高歓は漢人と自称しているが、実は懐朔鎮出身の鮮卑族である。高歓は自立して（五三一）、鄴《ぎょう》（河北省臨漳県）を根拠地として爾朱氏を破り、節閔帝を廃し、孝武帝を立て、ついに爾朱氏を滅ぼした。しかし孝武帝は高歓をあまり好まなかった。

このころ台頭してきたのが武川鎮出身の宇文泰である。宇文泰も爾朱栄に登用されて栄進してきた人である。孝武帝は長安（陝西省西安）を根拠地とする宇文泰のもとに逃れた。そこで高歓は孝静帝を擁立し（五三四）、ここに北魏は実権者が高歓である東魏と、実権者が宇文泰の西魏に分裂したのである。

東魏の高歓は実力において西魏の宇文泰よりすぐれていた。しかし高歓は沙苑《さえん》（陝西省大荔《だいり》県の南）の戦いで西魏に敗れた（五三六）。高歓の部将の侯景《こうけい》は洛陽に進攻してきた宇文泰を邙山《ぼうざん》に破った（五四三）。しかし河東の地（山西省）は西魏に奪われた。高歓はふたたび西魏を攻めたが、西魏の漢人名将の韋孝寛《いこうかん》に破れ、病にかかり死去した（五四七）。ついで高歓の子の高澄《こうちょう》が東魏の実権を握った。このとき、侯景が反乱をおこし、南朝の梁《りょう》に奔《はし》った（吉川忠夫『侯景の乱始末記』（中公新書）参照）。高澄は五四九年に殺され、その弟の高洋が継いだ。高洋は東魏の譲位により帝位につき、北斉《せい》を立てた（五五〇）。東魏の孝静帝は毒殺され、その一族もほとんど殺された。

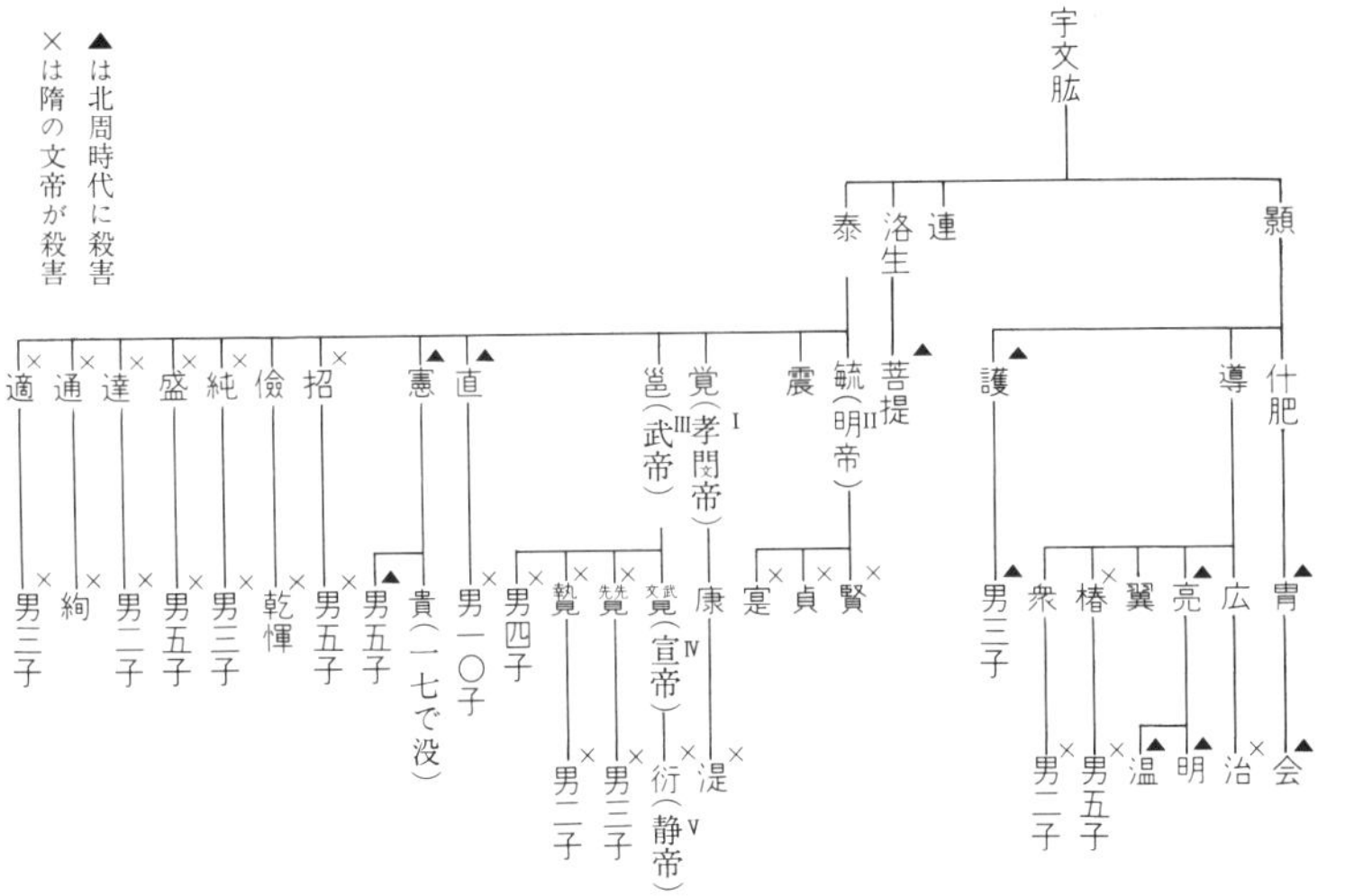

北周宇文氏系図

宇文泰は北魏の孝武帝を長安に迎えていた。しかし高歓が東魏の孝静帝を擁立したことを聞くと、孝武帝を殺し、北魏の一族の元宝炬《げんほうきょ》を立てて、西魏の文帝とし（五三五）、その実権を掌握した。ついで、尉遅迥《うっちけい》を派遣して蜀（四川省）を奪取した。宇文泰は漢人の名臣である蘇綽《そしゃく》（隋の名臣の蘇威の父）を登用して、儒家の古典『周礼《しゅらい》』に基づいた政治を行った。故に国号も周と称した。蘇綽は官吏の心掛けを書いた六条の詔書を起草して政治を刷新した。わが国の聖徳太子の十七条憲法はこの六条の詔書を手本としたものといわれている。宇文泰が死去すると（五五六）、その子の宇文覚は西魏を廃して北周を興し、孝閔帝となったが、まだ年少であったために実権は宇文泰の兄の子の宇文護が掌握し、その情勢は宇文覚の弟の明帝（在位五五七～六〇）、およびまたその弟の武帝の世にまで及んだ。明帝の皇后は楊広の母と姉妹である。武帝のとき、五六三年、楊広の祖父の楊忠（次に詳述）は達奚武《たっけいぶ》やトルコ族の突厥《とっくつ》と結んで北斉を攻めたが失敗した。

しかしこのころ北斉は内紛で国力が弱まっていた。五七二年、武帝は宇文護を誅殺《ちゅうさつ》して親政を行い、五七七年、韋孝寛の策に従い、ついに北斉を滅ぼした。

その翌年、武帝は死去し、その子の宣帝が立ったが無能であった。宣帝の皇后が楊広とはきょうだいの楊皇后である。宣帝は在位二年でその子の静帝に譲位した（五八〇）。そのときはすでに楊広の父の楊堅が北周で大きな地位を占めていた。

❖祖父楊忠の活躍

楊忠（五〇七～六八）は西魏・北周の政界で活躍し、その伝記もかなり詳細に判明している（『周書』巻一九、楊忠伝）。

楊忠はひげが美しく、身長がずばぬけて高く、容貌《かお》もなみはずれて大きな人であった。また彼は武芸にすぐれ、思考もおちついていて深く、武将としての才能にもめぐまれていた。しかしかれが一八歳のとき、すなわち北魏の末年、破六韓抜陵の反乱が北方の六鎮でおこった翌年のこと、泰山《たいざん》（山東省中部にある標高一五三三メートルの聖山、ここで皇帝は平和を天に感謝する封禅《ほうぜん》という祭りを行う）に遊び、たまたま来攻してきた南朝梁の軍に捕らえられ、五年間も江南へつれていかれた。

楊忠は江南から北海王顥《こう》（北魏孝文帝のおい）に従って首都洛陽に帰った。そのとき、直閣将軍（従三品下）という高官に任命された。しかし北海王顥が南朝梁《りょう》に寝返ってからは、爾朱《じしゅ》度律《どりつ》に仕えた。爾朱度律は六鎮の反乱を一応収拾した奸雄である爾朱栄の一族である。爾朱栄が北魏の孝荘帝に殺されると（五三〇）、楊忠は爾朱兆《ちょう》に従ってその復讐に参加して孝荘帝を殺し、昌県伯・都督に進んだ。しかし爾朱兆が高歓に敗れたので、彼はついで武川鎮出身の鮮卑の暁将である独孤信《どくこしん》（後述）に従った。この独孤信の娘が楊広の母である。楊忠は独孤信の旗下にあって、北魏孝武帝の西遷に従い、宇文泰の拠る長安（陝西省西安）にはいり、県伯から県侯に進み、さらに軍功をたて、安西将軍に進んだ。また独孤信に従って高歓の東魏と戦い、敗れて南朝の梁に逃げ、梁の武帝に認められ、梁の文徳主帥・関外侯に任ぜられた。

五三七年、楊忠は独孤信とともに長安に帰り、西魏の宇文泰の旗下にはいった。五四三年、宇文泰に従って東魏の侯景と洛陽の近くの邙山《ぼうざん》で戦い、先鋒として奮戦したが、西魏側は撃退された。しかし忠の官は大都督・車騎大将軍、つづいて都督四州諸軍事・侍中・開府儀同三司に栄進し、以後も諸戦に活躍した。

北魏はその漢化政策により鮮卑風の姓（虜姓《りょせい》）を漢人風の姓に改めさせていた（拓跋氏を元氏と改める）。しかし西魏末年、その反動として、虜姓を漢人に賜与した（虜姓再行）。五五四年ころ、楊忠には虜姓の「普六如《ふろくじょ》」（『魏書』官氏志の「普陋茹《ふろうじょ》」と同じであろう）氏を賜った。楊氏が実は鮮卑であったとすれば、この普六如がその姓であろう。

五五四年、楊忠は于謹《うきん》（後述）とともに、江陵（湖北省）を討ち、梁の岳陽《がくよう》王蕭詧《しょうさつ》を西魏の保護国である後梁《こうりょう》の帝位につけた。後梁は以後三代三三年の命脈を保ち、五八七年、隋によって廃された。

北周が成立し（五五七）、『周礼』の六官（天地春夏秋冬）の制が実施されると、楊忠は礼儀を司る春官の次官である小宗伯に進んだ。翌年、北斉の将軍である司馬消難の北周投降に際して忠は達奚武とともにこれを援助し、柱国大将軍（後述）に栄進した。五五九年、忠は隨国公となった。これが「隋」の王朝名の起こりである。ついで忠は御正中大夫《ぎょせいちゅうたいふ》・大司空と最高官に栄進した。五六三年、達奚武とともに突厥の木杆《もくかん》可汗《かかん》とも結んで、北斉を晋陽《しんよう》（山西省太原）に攻めて大敗をこうむった。またこのころの北周の実権者である宇文護とはあわず、中央政界では活躍できなかった。五六四年、宇文護は北斉を討ち、楊忠は北方の沃野鎮《よくやちん》で突厥に備えた。五六八年、忠は病いにかかり、六二歳で死去した。北周武帝の天和三年のことである。

楊忠は、以上述べたように、北魏末年から、西魏・北周とおもに武将として引き続き活躍し、官職も栄進し、その子の楊堅《ようけん》が北周を倒して隋を開く素地は十分に培養《ばいよう》されていたと見てよい。しかし北周になってからは、実権者の宇文護とあわなかったためいまひと息の活躍ははばまれていた。

❖八柱国十二大将軍

楊忠は、先に述べたように、北魏末・西魏から北周にかけて、武将として活躍した。しかし当時の楊忠は果たして政界ではどのような位置にあったのだろうか。

西魏のとき、五五〇年ころに成立していた西魏の常備軍の編制に二十四軍がある。そのうちの二軍を大将軍が、四軍を六人の柱国大将軍が統率した。そしてその柱国大将軍および大将軍のメンバーが次のように判明している（『周書』巻一六）。

柱国大将軍

○宇文泰　○元欣（広陵王）　李虎　李弼《りひつ》　○独孤信　趙貴《ちょうき》　○于謹　○侯莫陳崇《こうばくちんすう》

大将軍

○元贊（広平王）　○元育（淮安王）　○元廓（のちの恭帝）　○宇文導　○侯莫陳順　○達奚武　李遠　○豆盧寧《とうろねい》　○宇文貴　○賀蘭祥《がらんしょう》　楊忠　王雄　（○は鮮卑、□は武川の人）

このうち八人の柱国大将軍（略して八柱国）は、大司徒・太宗伯・大司馬・大司寇・大司空・少師・少傅と西魏の『周礼』風の最高官職を持ち、さらに当時において門閥《もんばつ》といえばこの八柱国の家をいうのだと明記されている。ただし宇文泰と元欣は直接二十四軍は統率しない。また宇文泰・元欣・独孤信・于謹・侯莫陳崇の五人は鮮卑族出身であり、宇文泰・李虎・独孤信・趙貴・侯莫陳崇は武川鎮の人である。

十二大将軍はいずれも大都督で州刺史《しし》を兼ねるもので、家柄は上記の八柱国につぐものとみなされる。十二大将軍のうち、元贊・元育・元廓・宇文導・侯莫陳順・達奚武・豆盧寧・宇文貴・賀蘭祥の九人は鮮卑族出身である。元贊・元育・元廓はいずれも西魏の皇族として加わっているからしばらく置く。侯莫陳順は八柱国の一人の侯莫陳崇の兄で武川の人であり、達奚武は北魏皇族の出身である。

このように見てくると、鮮卑族と明証のない人は、八柱国では、唐室の祖、李世民からいえば曽祖父に当たる李虎、隋末群雄中の暁将である李密の曽祖父に当たる李弼と趙貴の三人である。しかしこのうち李虎と趙貴はその祖先が武川鎮に移っている。十二大将軍のうち、李遠・楊忠と王雄が鮮卑の明証がない。しかし楊広の祖父の楊忠は、前述のようにその祖先が武川に移っており、李遠は隴西《ろうせい》成紀の人というが、その祖父は高平鎮(寧夏回族自治区固原県)に移っている。王雄は太原の王氏という漢人の名門を称しているが、字《あざな》は胡布頭《こふとう》といい、漢人らしくない名を持っている(漢人の字《あざな》は二字が普通)。何かの理由で太原王氏を仮託しているのであろう。

このように見てくると、八柱国は鮮卑族か武川鎮の人が根幹を形成し、十二大将軍も鮮卑族で大部分構成されている。このようなかに、隋室の祖の楊忠、唐室の祖の李虎が含まれているのであり、しかもいずれも武川に移ったことが明らかである以上、隋室が弘農華陰《こうのうかいん》の楊氏といい、唐室が隴西狄道《ろうせいてきどう》、もしくは隴西成紀の人と称していたとしても、これを純粋の漢人とみなすことはできないであろう。またたとえ漢人であるとしても、かなり鮮卑化していたことは間違いないと思われる。

以上のように、楊忠はすでに西魏の末年に、最高の八柱国ではないが、それに次ぐ十二大将軍までのし上がってきていたことがわかる。唐室の祖の李虎はすでに八柱国の家の一つであったことも注目される。

❖関隴支配集団の成立

西魏の末年、宇文泰はその八柱国のうちの六柱国に西魏常備軍を統率させて軍事権を掌握していた。一方、宇文泰は中国文化復興の理想である『周礼』風国家を形成し、その中枢の官職を八柱国によって独占させていた。また八柱国の一人の独孤信は、その長女を宇文泰の子の宇文毓《いく》（北周の明帝）に嫁《とつ》がせ、また四女を李虎の子の李昞《へい》（李世民の祖父）に嫁がせ、さらに七女を十二大将軍の一人の楊忠の子の楊堅（隋の文帝、楊広の父）に嫁がせている。これはいずれものち北周・隋・唐の王朝を形成したのでたまたま判明している。そこで八柱国十二大将軍の家はいずれも婚姻関係によってもかたく結ばれていたろうと推定される。

この八柱国十二大将軍の家から北周・隋・唐の三王朝が出たことがとくに注目される。また侯莫陳崇の子の侯莫陳顥《こう》は隋の名臣となり、于謹の子の于義は隋文帝朝の宰相の高熲《こうけい》（後述）のもとで活躍し、高熲も独孤信の下僚から出ている。実に北周・隋・唐三王朝はこの西魏末年の八柱国十二大将軍の家の出身者と、これらに奉仕した漢人官僚とから成立したといって過言ではない。またこれを一つの支配集団とした理念は、鮮卑族を根幹としながらも長安を中心に『周礼』に基づいた漢魏の中国伝統文化の継承発展にあったのである。このような支配集団を中国の故陳寅恪《ちんいんかく》教授（一八九〇～一九六九）にしたがって「関隴《かんろう》集団」とよぶことにする。関隴とは北周の支配地域である長安一帯のことである。

楊堅の建国

❖父、楊堅

楊堅《ようけん》は五四一年（西魏文帝の大統七）六月一三日、馮翊《ふうよく》（陝西省大茘《だいり》県、西安の東北）の般若《はんにゃ》寺（のちの大興国寺）に生まれた。尼に育てられ、その尼が帝位につくことを予言した説話のあることは後に述べる。楊堅が生まれたとき、父楊忠は三五歳で、独孤信とともに、宇文泰の旗下で東魏と戦っていた。母は呂《りょ》氏といい、その素姓は明らかでなく、楊堅の即位後にそのおいと称する呂永吉なるものが現われている（『隋書』巻七九、外戚）が怪しい。北魏のとき、鮮卑族の叱呂《しつりょ》氏を呂氏と改めたという呂氏かもしれない。堅ははじめ太学にはいったが生まれつき親しい友達でも犯し難い威厳があった。

一四歳のとき（五五四、西魏恭帝元）、京兆尹《けいちょういん》（首都圏長官）に認められ、功曹（人事課長）となったとあるが、実際にこの年齢でどのように勤務したかは明らかでない。一五歳のとき、父の勲功によって、早くも散騎常侍・車騎大将軍・儀同三司・成紀県公の高い官爵に進み、さらに一六歳のとき、驃騎大将軍・開府儀同三司（二十四軍のうち一軍の統率者）に栄進した。西魏の実権者である宇文泰は楊堅を見てほめ、

「この児の風骨は代《だい》国出身の人とは違う。」といったという。代国とは武川鎮のある代郡のことであるが、これによって、当時、楊氏は武川鎮出身の人と見られていたことがわかる。そのころまだややもすると武川鎮の人は賤視される風潮があったのに対して、同じく武川鎮の出身である宇文泰は、堅の風格を見て、武川鎮の人にふさわしくない高尚な品格の者と自嘲的にいったものと思われる。

隋の文帝

北周の世となり、明帝即位のとき（五五八、楊堅一八歳）、堅は右小宮伯・大興郡公となった。この大興が隋の首都長安を大興と名づける理由となる。北周の武帝が即位すると（五六〇、二〇歳）、左小宮伯、ついで隨州刺史・大将軍（二十四軍の二軍の統率者）となった。のち首都に召還されたとき、母の病気にあい、三年間、昼夜左右を離れず、純孝という評判が立った。武帝の初年までの宇文護専権時代は父の忠とともに宇文護より嫌われ、殺害されかけたが、やっと助けられ

る有様であった。

五六八年（武帝の天和三、楊堅二八歳）、父の忠が死去し（六二歳）、随国公を襲爵した。いつ地名の「隨」を「隋」と改めたのかははっきりしない。隋代の碑文にも「隨」と書いてあるものがあるからである。

五七二年（武帝の建徳元）、権臣の宇文護が誅殺されると、その翌年、堅の長女が太子（のちの宣帝《せんてい》）の妃となった。妃はときに一三歳、太子は一五歳であった。それとともに堅への待遇がよくなった。これが宇文護誅殺直後であることは、これまで反宇文護派であった堅がいよいよ表舞台へ登場するチャンスがめぐってきたと見てよい。このころ、

普六茹《ふろくじょ》堅の相貌《そうぼう》はなみなみではない。これを見るたびに不覚にもふらふらになる。人の下につく奴ではない。早く除け。


と進言する者があったが、武帝は「こやつはただの将軍だ」といったとある。当時、普六茹堅と虜姓《りょせい》でよばれていたことも注目される。

五七五年（建徳四、楊堅三五歳）、水軍三万を率いて黄河を下って北斉に進軍した。

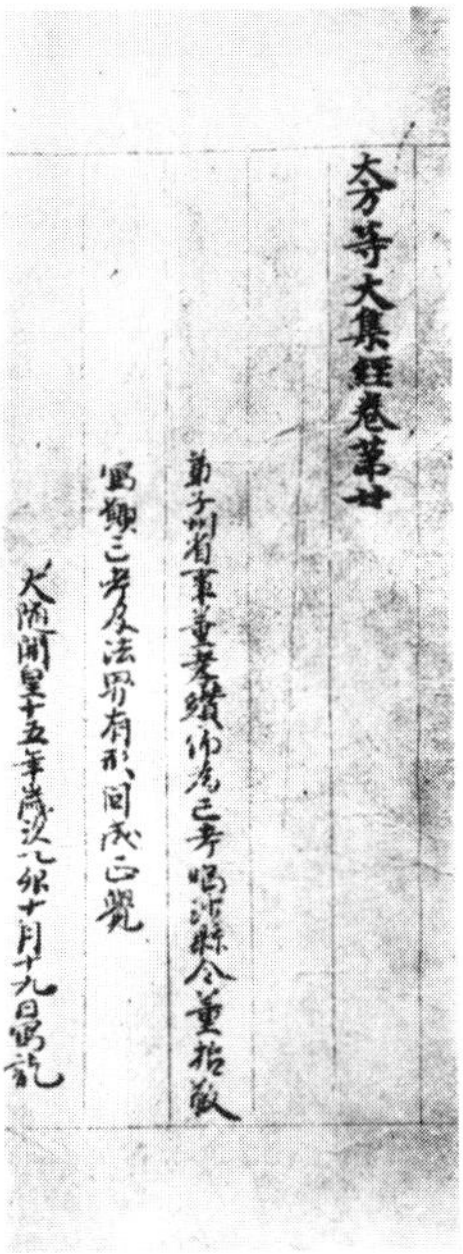
大方等大集経巻第廿
大隋開皇十五年歳次乙卯十月十九日写記

開皇十五年大方等大集経
大随とあるのに注意

このとき親征していた武帝が病気にかかり、全軍が引き上げた。その明年にも北斉に進撃し、その翌年（五七七）、北斉はついに滅亡した。ときに楊堅は三六歳、亳《はく》州総管に進んだ。

宣帝が即位すると（五七八、楊堅三八歳）、皇后の父として上柱国・大司馬となり、翌年正月、最高官である四輔《しほ》官の一人として、大後丞右司武《だいこうじょううしぶ》に進み、その年七月、四輔官の筆頭の大前疑に栄進した。しかしその権勢はついに宣帝より煙たがられるようになり、宣帝は堅の娘の楊皇后に向かって、

　必ずお前の家を一家みな殺しにしてやるぞ。


と放言したほどである。しかし、召し出された楊堅があまりにも自若《じじゃく》としているので、それは取り止めになった。

宣帝は皇太子のときから、父の後嗣としてその前途を危ぶまれ、きびしく鍛えられ、いつも笞《むち》でたたかれ、びくびく過ごしていた。しかし酒好きであった。帝位についてからは、おさえていた欲望をまる出しにし、父の喪中も悲しみの色なく、父の宮女にみだらなことをし、また天下から美女を選んで後宮に入れ、自慢していた。このような宣帝に対して、楊皇后はおだやかな人柄であった。しかし宣帝は楊皇后のほかに四人の皇后を置き、未曽有の醜事と物笑いの種になった。それにもかかわらず楊皇后はやきもちもやかず、他の四皇后から敬愛されていたから、宣帝は余計に楊皇后をおそれていた。

❖ 楊堅の政権掌握

五八〇年（大象二、楊堅四〇歳）五月四日、楊堅はついに地方官の揚州総管に左遷されたが、足疾と称して赴任しなかった。追い出し工作と判断したからであろう。同月一〇日、宣帝は二三歳で死去した。しかし実はその前年にその子でわずか七歳の静帝《せいてい》（静帝の母は楊堅の娘の楊皇后ではなく、朱皇后である）に帝位を譲り、みずからは天元皇帝と称していた。

宣帝が死去したころ、帝の左右にあった佞臣《ねいしん》に劉昉《りゅうほう》と鄭訳《ていえき》がいる。二人はともに漢人で代々北朝に奉仕した家柄である。劉昉は生まれつき軽はずみでずる賢く、しばしば悪事を働いたが、宣帝からは信任され、当時は御正中大夫という側近の官にあった。楊堅とはもとから知り合いで、楊堅が皇后の父であるうえ、評判もよかったので、鄭訳と楊堅のかつぎ出しをはかった。鄭訳は学識があり、音楽と騎射を得意とし、若いときから宇文泰に認められ、その子供たちとよく親しんでいた。武帝（宇文泰の子）のとき官界にはいった。彼は太子（宣帝）とあまりなれ親しんだため一時官界から排除されたこともあった。しかしまもなく復活するとまた元通りであった。宣帝即位後には内史上大夫という側近官として栄進した。楊堅とはかねてから同学のよしみがあり、堅に心を傾けていた。そんな関係で皇帝の死去直後、劉昉とはかって楊堅をかつぎ出し、静帝の輔政に当たらせた。

また盧賁《ろほん》という人があった。この人も漢人で、楊堅がかつて大後丞右司武のとき、その下僚の司武上士の職にあり、深く楊堅に傾倒していた。宣帝死去のころは近衛軍を掌握していた。楊堅は宣帝の死去直後かつぎ出されたとき、盧賁の掌握する近衛軍を配置しておいて、

富貴を求めようとする者はおれについてこい。

と叫んだ。大官たちはがやがやいっていた。そこへ盧賁が軍を率いて乗り込み、有無をいわさず楊堅を支持させてしまった。以後も、盧賁が近衛軍を背景に楊堅の政権奪取に貢献した。

要するに、宣帝死去直後における楊堅の宮廷内の実権掌握の経過は、宣帝の佞臣の劉昉・鄭訳が楊堅を看板にして政権の維持をはかったのに対し、楊堅は武力を掌握していた盧賁をバックに実権を掌握してしまったというのが真相であろう。これまで楊堅は皇后の父としての外戚《がいせき》の地位を利用して政権をやすやすと奪取したようにいわれてきたが、もう少しつっこんでみると以上のような経過があったのである。しかしこのとき、御正中大夫の顔之儀《がんしぎ》（『顔氏家訓』の著者である顔之推の弟）のように、楊堅のかつぎ出しは宣帝の意志でないといってこれに反抗した硬骨漢もいた。楊堅は宣帝死去（五月一〇日）の月の二五日、仮黄鉞《かおうえつ》・左大丞相《さだいじょうしょう》となって、北周の実権を握り、丞相府を開いた。

❖各地の反抗

楊堅の北周政府内における政権掌握に対して、各地で反抗の大軍がおこった。

楊堅が丞相府を開いたその翌六月、まず相州総管《そうしゅう》の尉遅迥《うっちけい》が相州（河北省臨漳県）で立ち上がった。尉遅氏は略して尉氏ともいう。尉遅氏は于闐《うてん》（新疆ウイグル自治区和田県《ホータン》）の王姓でもあるが、尉遅迥の家はこれとは別の鮮卑の尉遅部の出身である。迥の父の俟兜《しとう》は宇文泰の姉むこであり、迥自身は西魏文帝の娘むこであり、また迥の孫娘は宣帝の五皇后の一人であった。

迥は宇文泰の信任厚く、東魏との戦いに奮戦した。また蜀（四川省）を南朝の梁から奪って西魏の領土とする策を宇文泰に献じ、五五三年（西魏廃帝二）、迥は一万二〇〇〇の軍を率いて蜀に攻め入り、ここを西魏の領土とする大功をたてた。北周の世となり、柱国大将軍に進んだ。宣帝が即位すると、四輔官の一つの大右弼《だいうひつ》から大前疑に進んだ。相州総管として地方に出ていたとき、宣帝が死去した。

楊堅が政権を掌握すると、迥の相州総管を罷免し、韋孝寛《いこうかん》（後述）を後任として任命してきた。そこで迥は、楊堅が凡庸の才にもかかわらず外戚の地位を利用し、幼主を擁して天下に号令することを非難して反乱をおこし宇文泰の子の趙王招を擁立した。近傍の州県が迥になびき、数十万の大軍となり、北は突厥《とっくつ》（トルコ族）に通じ、南は南朝の陳《ちん》とも通謀した。楊堅は北斉との戦いで雄名をはせた漢人名将の韋孝寛を元帥とし、数十万の軍をもって進撃した。初めは勝敗半ばする形勢であったが、孝寛はよく迥の軍を破り、挙兵後、六八日で迥の反乱は平定された。韋孝寛は楊堅と同様に反宇文護派で、独孤信（楊堅の妻の父）とも仲のよかったことが楊堅に幸いした。

またこの年七月、静帝（宣帝の子）の皇后の父で鄖《うん》州総管の司馬消難も迥に呼応して南方で兵をあげた。しかしその翌月、形勢不利と見て、南朝の陳に逃亡した（隋の陳平定後に、陳の後主《こうしゅ》とともに降伏）。さらにこの年八月、王謙も蜀で挙兵したが、その年一〇月、敗れて斬られた。これで楊堅に対する武力的反抗はすべて終わった。

楊堅は以上のような反乱の危機を韋孝寛の協力によりよく切りぬけることができた。その韋孝寛がその年一月、長安に凱旋ののち、七二歳で死去した。これも楊堅の政権独占に幸いした。

❖周隋革命

五八〇年（北周大象二）九月、楊堅は大丞相《だいじょうしょう》に進み、一〇月、天官大冢宰《だいちょうさい》を加えられ、一二月、相国《しょうこく》・隋王となり、一〇郡を与えられた。翌年（大定元）二月、さらに一〇郡を加えられ、これで北周静帝より禅譲《ぜんじょう》（平和的革命）の準備がととのった。

五八一年二月一四日、ついに静帝よりの譲位を受け、国号を隋とし、年号を開皇と定め、静帝は別宮に退いた。かくして、楊堅は隋の文帝となった（以後楊堅を文帝とよぶ）。静帝は介国《かいこく》公《こう》・邑万戸に封ぜられ、車服・礼楽すべて北周の制を用いることを許された。しかしその年五月、静帝は年九歳で死去したとあるが、おそらく殺害されたのであろう。また文帝は数十人の北周諸帝の子孫をすべて殺害し（北周宇文氏系図二九頁参照）、北周復活の源を根絶する残虐な行為を行った。

文帝は即位後ただちに『周礼』に基づく北周の官制を廃止し、漢・魏（三国時代の曹魏）の旧制によることを表明した。楊堅の妻であった独孤信の娘が独孤皇后となり、長男の楊勇が皇太子となり、二男でのちに煬帝となる楊広は晋《しん》王・并《へい》州総管となった。補佐の臣僚としては、独孤信の配下にあった高熲《こうけい》が尚書《しょうしょ》左《さ》僕射《ぼくや》で納言《のうげん》を兼ねて首輔の地位についた。また北周の漢人名官蘇綽《そしゃく》の子で当時隠棲していた蘇威が太子少傅、ついで納言・度支《たくし》尚書として、高熲と並んで文帝を補佐した。劉昉・鄭訳の二人は楊堅のかつぎ出しに当たったが、尉遅迥らの反乱がおこったとき、将軍としての出征を拒んだため退けられ、高熲・蘇威の執政には不満であった。

周隋革命の経過は以上の通りである。楊堅は父楊忠の軍功によって北周の官界に栄進した。しかし宇文護の実権時代は振るわなかったが、武帝の宇文護誅殺ののちは、官界に威を張り、娘が武帝の太子（のちの宣帝）妃となった。宣帝死去ののちは、宣帝の佞臣であった劉昉・鄭訳が楊堅を利用して自分たちの権勢を維持し続けようとし、逆に盧賁を通じて近衛軍を握った楊堅はこの機会を利用して政権を握ったのである。

❖母、独孤皇后

文帝の独孤皇后は独孤信の娘で、姉の一人が北周明帝の皇后、もう一人の姉が李淵（唐の高祖）の母であり、その娘が北周宣帝の皇后となったことは先に述べた。独孤信は文帝に将来見込みがあるとして結婚させた。ときに一四歳であったが、文帝に自分の子以外は生ませないことを誓わせるほどのしっかりものであった。

皇后に突厥の商人が明珠（宝石）を一箱八〇〇万銭で買うことをすすめた。皇后は「私にそのようなものはいりません。夷狄《いてき》の侵攻に疲れている有功の将士たちに八〇〇万銭は与えます。」といった。またいつも公主《こうしゅ》（皇帝の娘）たちに、「北周の公主たちは婦徳がなく、舅姑《きゅうこ》（しゅうととしゅうとめ）にも礼を欠き、親子関係も情が薄くていけません。あなたたちはよく気をつけて下さい。」と教えた。皇后は恭孝でよく婦道を守り、性質も柔順であった。また皇后の一族の者が法に触れても減罪を請うようなことはしなかった。また文帝とは政治についても話し合い、意見がよくあった。宮中では文帝と皇后のことを「二聖」とよんでいた。

しかし皇后のやきもちは有名である。文帝があるとき、尉遅迴の美人の孫娘を寵愛した。皇后は文帝が朝堂に臨んでいるときをみはからってこっそりその娘を殺してしまった。文帝は怒って、一人で宮中を抜け出し、二〇余里もある山谷のなかにはいってしまった。高熲らがやっと探して追いついて諫めると、文帝はため息をついて、

吾は貴くして天子となってても自由がない。

と叫んだ。そこで高熲が、

陛下はどうして一婦人のことで天下のことを軽んぜられるのですか。

といったので、文帝は思いなおし、夜半にやっと宮中に帰った。皇后も宮殿の外で待ちうけてあやまり、高熲が二人を和解させた。皇后は高熲がかつて父の独孤信に仕えていたため特別の親しみを持っていた。しかし高熲が皇后のことを「一婦人」といったことを聞いて根に持った。また高熲が妻をなくしたので後妻をすすめると断っておきながら、妾に子を生ませたことを聞いて不快に思った。この二つのことは高熲がやがて失脚することになる原因ともいわれる。皇后はまた皇太子勇に女性関係が多いことを聞いて喜ばず、これも皇太子勇の失脚する一原因といわれる。それに比べ晋王の楊広は要領よく立ち廻って皇后から容易にしっぽをつかまれなかった。

六〇二年（仁寿二）八月、皇后は文帝に先立つこと二年で死去した。このときはすでに楊広は兄に代わって太子となっていた。文帝は、皇后死去ののち、ほっとしたのか多くの妃を寵愛し、そのため病気にかかったといわれる。文帝は危篤のときに侍者に、

皇后が在世したら、吾はまだこうはならなかったろう。
と述懐したという。楊広の母とはこのような賢婦人であった。

文帝の政治

❖開皇律令

文帝の政治は「いまだよく治まったというまでにはいかなかったが、近代の良主ということはできる。」(『隋書』文帝紀)と批評されている。かなりの成果はあがったと認められる。その統治の大綱が律令制である。文帝の制定した律令は「開皇律令」とよばれる。律とは刑罰をともなう根本法であり、令はその下にある行政法規である。開皇律令は今日その断片しか知ることができないが、それによると唐の律令とすでに大差がない。当時の世界でもっとも完備していたといわれる唐の律令の大綱はすでに隋の文帝のときに成立していたのである。しかし律令は隋に始まるものではなく、前三世紀の漢には確実に存在した。しかしそれは隋唐のものとはかなり異質のものであり、隋唐の律令の直接の淵源は三世紀の晋の律令まではさかのぼることができる。しかしそれがまた北朝の鮮卑王朝下において、鮮卑族が漢人を統治する法として大きな変化を受けたのが、隋の律令の直接の起源とみなされる。異民族王朝の漢人統治の法となったところに、世界性の備わった客観的な慣習法を脱皮した法体系の成立が完成したと考えられるが、その過程の実証は史料の不足で十分とはいえない。

五八一年（開皇元）、隋の文帝即位の年の一〇月、早くも高熲らによって新律が施行された。そのスピードには驚かされる。しかもこの律は北周律よりはむしろ北斉律を継承したものであった。文帝の施政方針が『周礼』国家の脱皮を主眼としたためこのような結果となったのであろう。しかし北周律の影響も受けていることも一面では否定できない。開皇三年には律の一部改訂を行った。

開皇律は㈠名例（総則）、㈡衛禁（皇帝の護衛と関所）、㈢職制（官吏の服務規律）、㈣戸婚（戸籍と婚姻）、㈤廐庫《きゅうこ》（畜産と倉庫）、㈥擅興《せんこう》（軍律）、㈦盗賊（窃盗と強盗）、㈧闘訟（けんかと訴訟）、㈨詐偽、(一〇)雑律、(一一)捕亡（犯人逮捕）、(一二)断獄（裁判）の一二篇に分かれ、盗賊が唐律では賊盗となっている以外に差はなく、条文数も五〇〇条でほぼ等しい。刑罰が笞杖徒流死の五刑に分かれ、重大犯罪を十悪といい、特別に減刑の恩典のある八項目を八議とよぶことなどまったく同じである（『隋書』刑法志）。

令の方は施行年月も明らかでないが、開皇律から見て、開皇令も唐令と大綱は同じものとみなして間違いはあるまい。

❖官制の大改革

官制は令で規定される。その改革の大綱は『隋書』百官志によって判明する。改革の趣旨は北周の周礼風の官制改革にあった。

中央官制の改革で注目されるのは、唐の行政機構の中枢である三省六部二十四司制が、官名は多少異なってはいるが、開皇令ですでに完成していたことである。三省とは尚書省（長官の令は常置されず、次官の左僕射《さぼくや》・右僕射各一人が事実上の長官）、門下省（長官は納言二人）、内史省（唐の中書省に当たる。長官は令一人）、六部《りくぶ》とは吏部・礼部・兵部・都官（唐の刑部）、度支《たくし》（唐の戸部）、工部である。六部がそれぞれ四司に分かれ、合計二十四司となる。

地方官制も大改革が行われた。これまで州・郡・県の三級制であったのを、州・県、もしくは郡・県の二級制に改めた。隋から唐にかけては、州と郡が同一地域に州名と郡名を両方持つこととなり、州もしくは郡が数県を管轄することになる。このようになった原因としては、西晋が南渡して東晋となってから、漢人の南遷にともない、北方の州・郡を南方に移して仮に設けたため、州と郡の大きさがあまり変わらなくなったためと、「十羊九牧」（一〇匹の羊に九人の牧童）といわれるように、地方官がむやみに多くなって行政上の弊害が多かったのを除去するためであった。またこの改革と同時に、州・郡の属僚は、これまでは長官が勝手に任命してよかったのを改めて中央の任命とした。さらに、官吏が自分の出身地の地方官に任命されない地域回避の制も確立した。またこれまで州の長官の刺史《しし》が兵権も掌握していたのをやめて、兵権の中央回収をはかった。さらにまた州の属僚について次のような改革を行った。五九五年（開皇一五）、これまで州の長官が兵権を掌握していたため、長官の属僚に本来の州の属僚と軍府の官との二系統があった。それを改めて、軍府の属僚だけを残し、本来の州の属僚（郷官とよばれていた）を廃止して簡素化を行い、もとは軍府の事務を扱った長史・司馬などが正規の州の属僚となった。これら一連の地方官制の大改革は、兵権の中央回収とあいまって、隋の中央集権化に大きく寄与した。

以上のような官制改革とそれにともなう多量の官吏候補者の必要、さらに後に述べる南朝併合による多数の官吏の必要、また中央集権化達成のための豪族との対決の必要のために、官吏任用法が大幅に改正された。これまで九品官人法（九品中正法）とよばれる家柄のランクに基づいた任用方法が行われていたのを改めて、志願制による官吏資格試験が始まった。これを普通に科目別選挙という意味で科挙といっている。選挙とはいまの投票によるそれとは違って、官吏の任用に関する総称である。このころの試験科目には、秀才・進士・明経などの科があった。九品官人法の正式の廃止は、上に述べた州の属僚制の改革のとき、九品官人法を地方で扱っていた中正官が廃止されたことに求められている。また科挙の開始も従来は楊広即位後の大業年間のこととされていたが、いまはすでに文帝のときに科挙が開始されたことが論証されている（宮崎市定博士『九品官人法の研究』京都大学東洋史研究会）。しかし科挙の合格者はおそらく年ごとに数名の域を出ず、数からいえば多くないが、質的には注目すべきものであった。

❖文帝の宰相たち

北周末、文帝をかつぎ出した鄭訳と劉昉は、楊堅が丞相府を開いたとき、鄭訳は丞相府長史に、劉昉は丞相府司馬に就任した。しかし、先にも述べたように、楊堅の政権奪取に対して各地に反乱がおこったとき、この二人は討伐への出動をしぶり、これが失脚の端緒となった。もとよりこの二人は宣帝の佞臣で新しい時代を担う識見はなかったのであろう。この二人は、近衛軍を掌握して楊堅を武力的にバックアップした盧賁とともに、不満分子に転落していった。これに代わって登場してきたのが、高熲と蘇威である。

高熲は渤海の蓨《じょう》の人と自称していたが、その家柄ははっきりしない。西魏の八柱国の一人の独孤信の部下から台頭し、独孤信は熲に独孤氏と称することを許している。熲は明敏で機略があり、文章も上手な能吏タイプの人であった。北周武帝のときから官界にはいっていた。楊堅が北周末に丞相府を開いて人材を求めたとき白羽の矢がたてられ、劉昉失脚の後を受けて、丞相府司馬になった。隋朝創業とともに、尚書左僕射・兼納言となり、三省のうち、尚書・門下二省の実権を握った。以後、突厥の討伐、長安に新都大興城の造営、南朝陳の平定にも着実な計画を献じ、五八九年（開皇九）、南北統一のころまで官界第一線で活躍し、すこぶる公平であるという評判を得ていた。

蘇威は、北周において六条の詔書（官吏の心掛）を起草した漢人名官の蘇綽の子で、関隴集団に奉仕した漢人の家柄である。彼は北周初期の実権者である宇文護の娘むこであったが、宇文護の専権をにくんで隠棲していた奇骨の士である。宇文護の誅殺後、抜擢《ばってき》されようとしたが、やはり病気と称して就任しなかった。楊堅が北周で丞相府を開いたとき、高熲に推薦され、楊堅に一度面接した。しかし隋の天下になると、また郷里に帰ったが、召し出され、ついに納言・民部尚書という重要ポストについた。北周において父綽の立てた重税策を軽減し、節約を奨励し、大理卿（司法長官）、京兆尹（首都圏長官）、御史大夫《ぎょしたいふ》（監察庁長官）の重職も兼任した。隋初の開皇律令は、高熲とともに、蘇威が制定の中心人物であった。しかし南朝平定後、母の喪に服するためいったん辞職してからは昔日の実力は発揮されず、実権は楊広と結ぶ楊素に移っていった。

❖文帝と仏教

文帝の馮翊《ふうよく》の般若寺における生誕について、『隋書』文帝紀は次のような説話を載せている。

紫気《しき》が庭に満ちた。尼が河東からきて、母（呂氏）に、「この児は生まれつきはなはだすぐれています。俗世間に置いてはいけません。」といって、文帝を別館に住まわせ、尼が自分で育てた。あるとき母が文帝をだくと、たちまち頭上に角《つの》が生え、体中に鱗《うろこ》ができた。母はびっくりして、文帝を地におとした。尼が外出から帰って文帝を見て、「この児にはびっくりしました。将来、天子になる人です。」といった。

この説話は道宣（五九六～六六七）の『集古今仏道論衡《ろんこう》』乙に引く『隋祖起居注』に基づき、そこで尼は神尼智仙《しんにちせん》といい、その尼が文帝に那羅延《ならえん》（金剛力士《こんごうりきし》、仏法守護神、寺門の二王門に左右一対ある）という名をつけたこと、生まれた宅を寺としたこと、この般若尼寺はのち大興国寺としたことなどが見える。この説話は文帝の崇仏事業が著明になってからの創作であろう。

開皇十三年在銘阿弥陀仏

文帝には帝師と称せられる僧法称・曇延《どんえん》・法純などがあり、疫病流行のとき、尚書都堂（内閣官房）で『金剛般若経』を講義させており、崇仏家といってよい。北周武帝の仏教に対するはげしい排斥のあとに興った隋は仏教の興隆に力を尽くして人気を得ようとした。文帝は、儒学の素養を欠き、儒学興隆には熱意を示さなかった。この点は唐の李世民＝太宗とは異なっている。文帝は首都大興城を造営するに当たって、中央の朱雀大路の東には大興の名を冠した大興善寺という大寺院と、西には玄都観という道教の大道観を立てた。大興善寺の方が規模も大きく、城坊の一つを占める広大なものであった。ちょうどわが平安京の東寺が一つの城坊を占めているのを想像していただけばよい。大興善寺には具足戒《ぐそくかい》を受けた比丘《びく》一二〇人がおり、そのうち六大徳（高僧）には門徒各一〇人が侍していた。

文帝は六〇〇年（開皇二〇）一二月の詔において、仏・道二教の庇護《ひご》を受けていることを述べ、仏像や道教の像を破壊したり盗んだりしたものは十悪のうちの不道で論罪し、沙門や道士で仏像や道教の像を破壊したものは悪逆で論罪することを公布した。このような条文は唐律にもあり、廃仏禁止の律とみなされる。

また文帝の在位中二四年間に、度僧尼《どそうに》（正式の僧尼となる許可書である度牒《どちょう》の保持者）が二三万人、天下の諸寺が三七九二か所あった。文帝末年の仁寿年間には全国の一一一か所に仁寿塔とよばれる舎利《しゃり》塔を建立し、興仏事業は最高潮に達した（この項は塚本善隆博士の「隋仏教史序説――隋文帝誕生説話の仏教化と宣布」、鈴木学術財団研究年報、一九七二年に拠ったところが多い）。

❖対外関係

隋朝創業のころ（五八一）、朝鮮では、北部に高句麗《こうくり》、南部では、西に百済《くだら》、東に新羅《しらぎ》があり、当時は百済・新羅が共同して高句麗に当たる形勢であった。

高句麗は早くも隋朝創業の年に平原王（五五九～九〇）が使者を派遣し、文帝から大将軍・遼東郡公に冊封《さっぽう》された。しかし高句麗は容易に隋に屈伏しなかった。五九八年（開皇一八）、隋の遼西（遼河の西）に進入した。そこで文帝はその子の漢王諒を総司令官として高句麗遠征を行ったが失敗し、次の楊広＝煬帝《ようだい》のときの高句麗大遠征の緒戦となり、さらに唐の李世民＝太宗のときから、高宗《そう》朝に続く。

百済は、その地理的位置の関係から、わが国とはすでに六世紀初頭以来交渉があったのは周知のとおりである。百済はもともと中国の南朝と盛んに通交していた。しかし隋朝の創業を聞くと、威徳王（五五四～九八）はただちに朝貢し、文帝は王を上開府儀同三司・帯方郡公に冊封した。

新羅は六世紀初頭以来台頭し、真興王（五四〇～七六）のとき、盛期をむかえた。隋が興ったときは、真平王（五七九～六三二）のときに当たっていた。位置の関係から、隋への朝貢は、他の二国より遅れ、隋が南北を統一したのちの五九四年（開皇一四）のことであり、文帝から上開府儀同三司・楽浪郡公・新羅王に冊封された。

わが国は聖徳太子が小野妹子を遣隋使として派遣して名高いが、それは楊広＝煬帝のときのことである。隋側の記録（『隋書』倭国伝）では、文帝治世の六〇〇年（開皇二〇）に倭王遣使の記事があるが、わが国の記録にはこれに該当するものがなく、正式の使節ではなかったろうといわれている。

北方では、トルコ族の突厥が、柔然《じゅうぜん》を破って独立した。五五二年（西魏廃帝元）のことである。土門《チュメン》が伊利可汗《いりかかん》（五五二～三）と号し、アルタイ山脈の西南、天山山脈の北麓にその支配部族である阿史那《あしな》氏が根拠地を持っていた。ここは鉄鉱石にめぐまれ、阿史那部族が鉄製武器の製作に当たっていたのが勃興の大きな要因である。また中国の絹を西方に仲介していたことも繁栄の一因である。土門は西魏と通交した。

北斉・北周の対立時代は双方ともに突厥の援助を期待したので、この形勢を利用して、突厥は有利な体制にあった。

伊利可汗ののちは小可汗が分立した。沙鉢略可汗《イシバル》（五八一～九）のときもこの形勢は続いた。文帝は沙鉢略可汗を破った（五八三）。このとき西突厥が独立して、東突厥・西突厥に分裂した。そして沙鉢略可汗は隋に臣従した（五八五）。しかし突厥は内紛が絶えず、隋はこれを利用して突厥を離間した。突利《とつり》可汗は隋に降って啓民可汗という中国風の可汗名を名乗り（五九九）、トルコ系諸部族を統御した。

南方では、林邑《りんゆう》（今のベトナム南部）に対して文帝末年に出兵したが、成功しなかった。

Ⅱ

楊広の登場

楊広とその一族

❖要領のいい楊広

楊広は五六九年（北周武帝の天和四）に生まれた。ムハンマドはその翌年の生まれ、聖徳太子は五年後の五七四年の生まれ、唐の高祖＝李淵は五六六年の生まれである。父は楊堅、すなわち隋の文帝で、二九歳のとき楊広が生まれた。その前年に祖父の楊忠が死去した。このころの北周は宇文護の専権時代で、楊家は日の当たる場所にはいなかった。五七二年、宇文護が誅殺され、その翌年、楊広の姉が北周武帝の太子（のちの宣帝）妃となった。前述したように楊広の母は独孤皇后で、独孤皇后の一人の姉は北周明帝の皇后、もう一人の姉は李淵の母（李世民の祖母）である。楊広は文帝の次男で、兄の勇が隋朝創業とともに太子となった。弟に俊・秀・諒の三人があり、兄弟五人ともに同母である。

楊広の子供のときの字《あざな》は阿麼《あま》という。阿は愛称、麼《ま》は麼尼《まに》ともいう仏の名で、父の堅も字に那羅延という仏の名を持っているので、楊家は崇仏家とみてよい。広は生まれながら容姿が美しく、小さいときから賢かった。そのため兄弟中で両親からいちばん可愛がられた。これがのちに、兄の太子勇が廃嫡《はいちゃく》され、広がこれに代わる一因である。また学問を好み、詩文の才に長け、人柄はおもおもしく謹厳《きんげん》であった。

あるとき、父が突然に広の邸にきた。すると楽器の多くは絃《げん》がきれており、塵が積っていた。これを見て父はこの子は楽妓《がくぎ》（うたい女）の嫌いなたちと思った。父の好みに合わせるご機嫌取りが上手で、孝行という評判もたった。またあるとき、広が狩猟を見ていると雨が降ってきた。左右の者が雨衣をすすめると、広は「士卒たちがみな湿《ぬ》れているのに、自分だけ雨衣を着ておれまい。」といって雨衣を持ちかえらせた話も伝わっており、要領のよい性格がわかる。

❖変わったおじたち

楊広のおじ、すなわち文帝の兄弟には、瓚《さん》、爽《そう》、整の三人があった。このうち整は、北周武帝のとき、北斉討伐軍に従軍して戦死した。

瓚は、北周のとき、父楊忠の軍功により、竟陵《きょうりょう》郡公となり、北周武帝の妹である順陽公主（公主は皇帝の娘の称号）のむこであった。武帝のとき、納言に任ぜられた。風采よく、文字通りの貴公子で、読書を好み士を愛し、令名があり、楊三郎とよばれていた。武帝は瓚を非常に可愛がり、北斉討伐に当たっては、留守をまかせた。

しかし瓚は兄の堅と仲が悪く、北周の宣帝が死去し、堅が北周の実権を掌握したとき、瓚を召し出そうとしたが従わず、

隋国公となっても、恐らくはうまくやってはいけまい。一族皆殺しが精々だ。

とうそぶく始末であった。しかし堅が丞相府を開くと、瓚は大将軍・大宗伯に栄進し、礼書や律令の制定に参画した。しかし兄堅の執務ぶりを見て、これは恐らく家の禍となると考え、堅の暗殺を計画した。しかし堅は気にしなかった。

瓚は隋朝が創業されると、滕《とう》王に封ぜられ、雍州牧《ようしゅうぼく》（首都圏長官）になった。しかしある事件のために引退した。瓚の妃は、前述のように、北周武帝の妹であったので、独孤皇后はこれを根に持ち、仲が悪く、文帝も妃の離別をすすめたが従わなかった。この点が文帝の意に合わず、五九一年（開皇一一）、四二歳で殺された。

爽は堅の異母弟である。北周の時代は幼少であったにもかかわらず、父楊忠の軍功により、同安郡公を賜った。爽は六歳のとき、父忠が死去し、兄堅の妻の独孤氏に養われた。このため兄弟中でいちばん兄堅から可愛がられた。堅が北周の実権を握ると、爽は大将軍・秦州総管、ついで蒲《ほ》州刺史となり、隋朝が創業されると衛王に封ぜられ重要な官職を歴任した。爽は風采よく、政務もてきぱきさばき、評判がよかった。またしばしば大軍を率いて突厥を討伐し、沙鉢略可汗を破った。六八七年（開皇七）に、爽は納言に進み、兄文帝より重んぜられた。しか

し病にかかり、文帝の派遣した巫者に見立てさせると、鬼がついているという。爽が左右に鬼を追いはらわせると、数日たってから、鬼がやってきて巫者をうち、巫者が逃げ出し階段を下りたところで倒れた。その夜、爽は年二五歳で死去した。ときに五八八年（開皇八）のことであったという。何かわけのわからない死に方である。こうして爽は兄文帝とは仲がよかったのに若くして変死を遂げた。

❖兄の太子勇

楊広の兄、すなわち文帝の長男は勇という。北周の世、すでに祖父楊忠の勲功により、博平侯となった。父堅が北周の丞相となると、勇は世嗣と定められ、大将軍・左司衛となった。ついで勇は洛州総管・東京小冢宰《しょうちょうさい》として、旧北斉の地域を統轄した。ついで首都長安に帰り、大司馬・内史御正として禁衛を統率した。

隋朝が創業されると、勇は皇太子となり、重要国事を委ねられた。文帝は旧北斉地域の流民を北辺に移そうとした。勇は、流民の多いのは北斉末の皇帝が暗愚で、そのうえ北周が北斉平定後に虐政を行ったためであり、決して故郷を嫌って流浪しているわけではなく、数年仁政を行えば、人民はひとりでに故郷に帰ってきますといって諫めた。文帝はこの意見を賞《ほ》め、流民の北辺強制移住は取り止めとなった。文帝は、「前朝の皇子たちにろくなやつはおらず、その

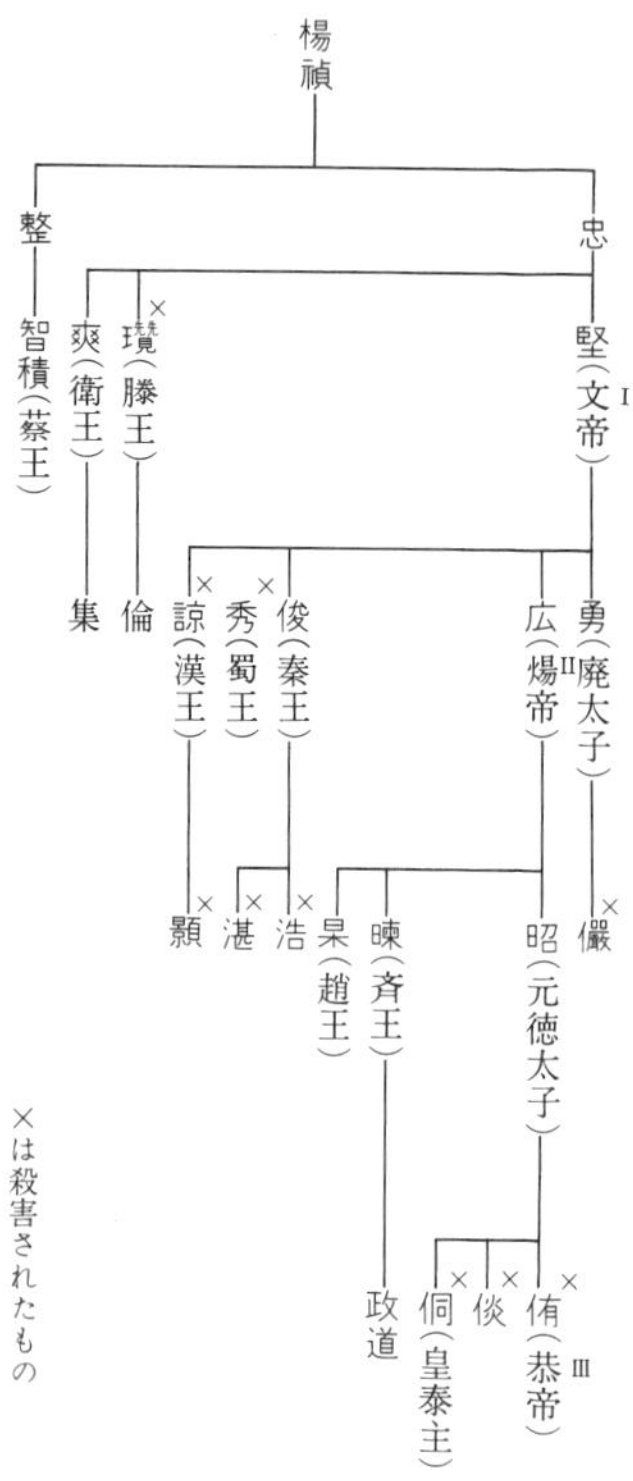

隋室楊氏系図

ため廃立もしばしばおこったが、自分の五人の子はすべて同母であり、前代のようなことはおこるはずがない」と公言していた。

太子勇は学問を好み、文学の才能もあり、性格はなさけ深くおとなしかった。しかし欠点としては、自分の意志のおもむくまま情に溺れ、また自分をうまくつくろうことが下手でそのうえややぜいたく好みで、この点が節約好みの文帝の気に入らなかった。ある冬至の日、百官が太子勇のもとに参朝したのに対し、勇が太子の制服を着け、音楽を備えて賀を受けたことが文帝の気に入らなかった。文帝があるとき侍衛官を選抜した。宰相の高熲が「そんなに強い者ばかり採用すると、皇太子の侍衛が劣弱なものになってしまいます。」といったのも気に入らなかった。これは高熲の息子が勇の娘むこであるので文帝が感ぐったのである。すべてささいなことから、文帝と太子勇との間の阻隔《そかく》はひろまるばかりであった。

さらに太子勇には元氏という正妃があるのに、将軍雲定興の娘である雲氏を寵愛したためについに元妃は精神病を二日病んで死んでしまった。この事件が一婦主義の母独孤皇后を怒らせた。そしてそののち、雲妃が東宮内で権勢を振るったことがますます母の気に入らなかった。

このような太子勇と両親との悶着《もんちゃく》に対して、両親の機嫌をうまくとり結んできたのが弟の楊広である。見せかけだけ簡素な生活をして、節約好きの父文帝にとり入り、臣下に接するにはいつもへり下り、妃についても、後梁《こうりょう》（北周・隋の保護国）出身の蕭《しょう》妃だけに接しているようにうまくとりつくろっていた。

❖文帝と息子たち

楊広の次の弟、すなわち文帝の第三子は俊という。五七一年（北周武帝の天和六）の生まれであり、楊広より二歳年少であった。隋朝が創業され、秦王に封ぜられ、翌年、上柱国・河南道行台尚書令・洛州総管となったが、まだ、一二歳であった。俊もおもいやりがありいつくしみ深く、熱心な仏教信者で、出家を希望したが、文帝は許さなかった。南朝陳の平定に際して、俊は山南道行軍元帥として、長江の上流から陳を攻めようとした。しかし逡巡《しゅんじゅん》しているうちに陳の将軍周羅睺《しゅうらこう》が降服してきて戦いはあっけなく終わった。そののちも俊は広陵（江蘇省江都）や并州（山西省）に駐屯させられ、令名が高かった。

しかし俊はそののちぜいたくな生活を始め、高利貸しをし、また立派な宮殿を造り、賓《ひん》客や妓女とどんちゃんさわぎをするようになり、こういうことの嫌いな文帝からにらまれるようになった。妃は崔氏《さい》といったが、やきもちが強く、俊は爪のなかに毒を入れられて病気になり、都に召還され、免官となった。いろいろとりなす人もあったが、文帝は子供にはきびしくしなければならないといって許さなかった。六〇〇年（開皇二〇）、俊は死去した。ときに三〇歳であった。文帝はたいして悲しみもしなかった。文帝はどこか親子の情に欠けている欠陥パパの面があった。

文帝の第四子は秀という。隋朝創業のとき、越《えつ》王に封ぜられ、まもなく蜀《しょく》王に進み、益州刺史となり、西南道行台尚書令になったが、まもなく免官となった。しかし秀は五九二年（開皇一二）、内史令、ついでふたたび蜀に出鎮した。

秀は胆力《たんりょく》があり、容貌魁偉《かいい》で、鬚《ひげ》が美しく、武芸にすぐれ、朝臣からははばかられていた。文帝は皇后に、

秀の終わりはよくなかろう。自分が生きている限り心配はないが、秀の兄弟の時代になると反乱をおこすにちがいない。

といった。蜀でも不法の行いが多くなった。とくに太子勇に代わって兄の広が太子となると、これに不満であった。そのため広をかつぐ権臣楊素に罪をあばかれ、ついに庶人とされてしまった。すでに兄弟のうち、勇が廃され、俊が殺されており、これを諫めた人もあったが、父文帝はかえって激怒し、その人の舌をきった。秀は広が即位してからも禁錮されていた。広＝

煬帝が宇文化及に殺されたとき、秀を帝にしようという意見があったが、誰も賛成しなかったという後日談がある。

文帝の第五子は諒という。隋朝創業のとき、漢王となり、雍州牧をへて、五九七年（開皇一七）、并州《へい》（山西省太原）総管となり、関東全部と南は黄河までの五二州をその隷下とし、律令にかかわらず、便宜行事《べんぎこうじ》（皇帝の許可なく適宜の処置を許されること）を認められた。五九八年、高句麗遠征のとき、諒は行軍元帥として総司令官となり遼河の線まで行ったが、伝染病が流行し、成果をあげることができず撤退した。文帝は諒を寵愛していた。しかし諒は兄の太子勇が廃されてからは快々《おう》として楽しまず、并州の武備を固めた。蜀王秀が庶人にされてからはますます不安の念をつのらせた。文帝が死去しても、都に帰らず、ついに反乱をおこした。しかし楊素らの攻撃をささえきれず、一万八〇〇〇人の戦死者を出し、并州で楊素に降った。死罪は許されたが、庶民とされ、幽閉中に死去した。

このように文帝には五子があった。楊広＝煬帝を含めて五子ともに天寿を保った者は一人もいない。これは偶然というより、一つは文帝の親子関係にどこか欠陥があったと見ざるを得ない。欠陥パパと名づける所以である。その重大原因は、たいして欠点もないのに太子勇を廃して楊広をこれに代わらせたことにある。これには独孤皇后の溺愛癖も大きく作用している。隋がわずか三〇数年で滅亡したのは、楊広＝煬帝の行動もさることながら、文帝夫妻に原因があったことは、その五人の子供を見るときにはっきりしているといってよい。

南朝平定

❖陳の後主

隋朝創業の翌年（五八二）、江南の南朝では陳《ちん》の後主《こうしゅ》とよばれる陳叔宝《しゅくほう》が帝位についた。陳は、侯景《こうけい》の乱（侯景が北斉から南朝の梁に投降し、また反乱をおこした）の討伐に活躍した武将あがりの陳覇先が創業した（五五七）国である。しかしそのころは対外的にも、北周・北斉・後梁（北周の保護国）と対抗し、複雑な形勢にあった。

陳の後主は、危機に際して即位したのにもかかわらず、華麗な宮殿を建てて宴遊にふけり、破滅型君主の典型として記録されている。その愛妃は張麗華《ちょうれいか》といい、妃の侍女から出て後主の寵愛を一身に受け、太子を生んだ。張麗華は髪の長さが七尺にも及び、その光沢は鏡のようであった。かの女がじっと見つめると、光が目にあふれ、左右に照り映えた。皇帝のご機嫌とりがうまく、いつも後主の気に入りそうな美人をすすめた。後主はいつも張麗華を膝の上に置いて政務を執った。張麗華は聡明で、皇帝つきの宦官《かんがん》が忘れたことまでよく記憶していて後主に

陳の宣帝　後主の父

奏上したため、宮中の実権を掌握し、大臣たちはみな張麗華のご機嫌とりにきゅうきゅうとしていた。このように後主は、破滅型の天子であったが、文学の才に恵まれ、楽府《がふ》（曲にあわせた歌詞）や詩に多くの作品を残した。楽府の玉樹後庭花は三〇〇年後の唐末になお遊女たちが歌っていたことを詩人の杜牧《とぼく》が伝えている。皇帝でなくて作詞家であれば超一流であったわけである。

後主は当時の情勢をかえりみない生活のために、財政が窮乏した。そこで小役人上がりの者を任用して、これまで商人以外のものからは徴収していなかった関市の税を軍人・士人からも取りたてたので、うらみを受けた。また後主の政治は、文官を優遇し、武官を弾圧したので、文武が対立し、武官は後主をうらみ、これが陳の滅亡を早めた。

❖南北朝の対立

陳の宣帝が死去し、後主が即位したとき、隋と陳は漢口（湖北省武漢市）で小ぜり合いをしていた。陳は喪中のために和を請うた。隋はそこで一部の占領地をかえし、礼のきまりでは「喪中に戦《いくさ》はしないものだ。」といって軍を引き上げた。南朝討滅の必要を感じながらも、隋は余裕たっぷりであった。

江南水郷

　南北両朝の対立はすでに一四〇年の長期間となり、晋の南渡から数えると二六〇年にもなる。しかしこの間、すでに政治的対立をこえて、経済的には南北の一体化は進んでいた。中国は晋の南渡によって、水稲耕作が促進され、江南の経済的開発が進展し、その波は政治的対立のわくをこえつつあった。政治的な南北両朝の対立が中国の発展を阻害しているということはもはや明らかとなりつつあった。

そのうえ、陳の末期には、陳の戸数は五〇万であるのに対し、北朝の方は隋朝創業直前の北周末期で戸数三五九万にのぼり、両者は比べものにならなかった。

隋側は平陳の策を着々と進めた。文帝はその対策を下問した。それに高熲は次のように答えた。まず江北は収穫の時期が遅く、江南は早い。この両者の収穫の時期の差を利用し、江南の収穫期に攻撃してその農期を妨害する。次に、南朝で兵を集めると、こちらは武装を解く。再三これをくりかえすと、こちらが本格的な攻撃の準備を始めても陳はこれを信じない。これを利用して戦いを開始すれば必ず勝つ。また江南は屋根が竹や茅《かや》でふいてあって、穀物貯蔵の穴倉がない。だからこっそり風を利用して火をつけ、その修復を待ってまたくりかえせば、数年後には食糧のストックは尽きてしまうだろうという考えであった。

隋の陳平定の作戦は以上のように着々と進み、南北統一はもはや時間の問題となっていた。

❖楊広、総司令官となる

楊広は隋朝創業とともに、晋《しん》王に封ぜられ并州（山西省太原）総管となった。ときに年わずか一三歳であった。ついで、河北道行台尚書令・淮南《わいなん》道行台尚書令と地方の重職をへて、五八六年（開皇六）、雍州牧・内史令と中央の要職についた。

文帝は五八七年（開皇七）まず保護国の後梁を滅ぼし、翌五八八年三月九日、陳撃滅の詔勅を発した。これには陳の後主が人民を虐待している事実をいちいちあげ、この詔勅の写し三〇万枚を江南一帯に配付した。

この年一〇月、寿春（安徽省寿県）に置かれた淮南道行台尚書省（淮南方面に置かれる中央政府の出先機関）の尚書令（長官）に晋王広が任命された。ときに年二〇歳である。晋王広はみずから前線司令官としての行軍元帥も兼ね、ほかに弟の秦王俊と楊素も行軍元帥に任命された。晋王広の下には重臣の高熲が元帥府長史として従い、事実上の総指揮をとった。晋王広は六合（江蘇省六合県）から進み、秦王俊は長江（揚子江）をさかのぼった襄陽《じょうよう》（湖北省襄陽県）から、楊素はさらに長江上流の永安（四川省奉節県）から進撃する大規模な作戦を展開し、総兵員は五一万八〇〇〇にのぼった。

これに対して陳軍は、秦王俊の軍には周羅睺《しゅうらこう》が対し、楊素には威昕《いきん》が当たった。楊素は秋毫《しゅうごう》も犯さぬ厳粛な軍規をもって進み、「江神」とよばれ恐れられた。また陳軍の総数は一〇数万にすぎなかった。それだけでなく、陳軍は当面の作戦の大綱が容易に定まらなかった。また後主はいたずらに強がりをいい、憂さを酒や音楽や詩作でまぎらしている始末であった。

❖陳の滅亡

五八九年（開皇九）元旦、まず賀若弼《がじゃひつ》が広陵（江蘇省江都県）から進撃して、ついに長江を渡り、陳の首都建康（今の南京）の東から攻めた。陳軍は自軍の長江防備兵の交替とまちがって気がつかなかった。また韓擒虎《かんきんこ》は盧江《ろこう》（安徽省合肥）から進撃し、長江を渡って采石（安徽省当塗県）に進み、建康の南西より迫った。陳の後主はもうどうしてよいのかわからず、ただ毎日泣いてばかりいたという。賀若弼の軍には陳の魯広達《ろこうたつ》の軍が奮戦し、隋軍はしばしば撃退され、隋軍の戦死者も二七三人に及んだ。賀若弼は煙幕をはって進撃した。ただ陳軍は敵の首をとると、いちいち後主の所へほうびをもらいにいく有様であった。

陳の任忠は後主に敗戦の状況を報告したうえで、

もう駄目でございます。陛下は舟の準備をして下さい、上流の周羅睺の軍にまいりましょう。そこまで私が死力を尽くしてお守りいたします。

といった。そこで後主は準備して待っていたが、いつまで待っても迎えにこない。任忠はとっくに韓擒虎の軍に降伏してしまっていたのである。後主はあわててかくれようとした。陳の僕射の袁憲《えんけん》はこれを叱りつけて、

北兵がはいってきても無茶なことはいたしません。もうこうなっているのに、陛下は何処へ行こうとされるのですか。どうか衣冠を正し、正殿にちゃんとお座り下さい。

といったが、後主はきかず、宮女一〇余人と井戸のなかにはいろうとした。袁憲は止めようとしたが後主は聞き入れず、他の人が井戸を体でかくした。後主はそれを押しのけて井戸には

いった。そこへ隋軍が来てその井戸を探しあて、呼んだが返事がない。石を落すと、叫び声が聞えてきた。そこで縄をおろして引き上げようとしたが非常に重い。引き上げてみると、なんと後主は愛妃の張麗華ともう一人の妃をかかえていた。賀若弼の軍は韓擒虎の軍にやや遅れて城内へ到着した。

高熲も建康にはいってきた。熲の子の徳弘は晋王広に従っていた。広は徳弘を派遣して、張麗華を殺さないでほしいといった。しかし熲はそんなことは認めず、張麗華を斬ってしまった。これが晋王広と高熲との間のうまくいかなくなった原因といわれる。しかし熲が張麗華を残して晋王広に渡せば、文帝は激怒して、広を皇太子にはしなかったろうという人もある。

以上のように、陳の首都建康の攻防戦は簡単に終わった。長江上流の方では、陳の周羅睺が江夏（湖北省武漢市）を守り、秦王俊の軍と対峙《たいじ》していた。さらに上流の隋の楊素の軍は陳の呂忠粛《りょちゅうしゅく》の軍とはげしく戦い、ついに陳軍を破った。このころ総司令官の晋王広は陳の後主の手紙を抵抗する陳軍に送って隋への降伏をすすめたので、陳の抵抗はみなやんだ、以上すべて一月中のことであった。晋王広も二月二日に前線を引き上げた。

三月に、陳の後主はその王公百官とともに、建康を出発して隋の首都長安に向かった。その行列はなお五〇〇里（約二二五キロ）の長さになったという。隋はかれらを長安では士民の家に分宿させ、丁重に待遇した。のち後主は隋で一〇余年生きのび、文帝の死去（六〇四）に遅れること四か月、洛陽で死去した。ときに五二歳であった。

楊広の奪嫡と即位

❖高熲の失脚

隋朝創業以来の功臣高熲は、また平陳の勲功により斉国公《せいこくこう》に栄進し、実封一五〇〇戸を賜った。そして文帝は高熲を慰労して、

平陳ののち、お前の反乱を告げ口するものがあったが、そのようなものは斬ってしまった。わしとお前とは道は一つだ。ごちゃごちゃいうものがあっても二人の間をひきさくことはできないぞ。

といった。しかし高熲は辞職を申し出た。文帝はそれを認めず、ふたたび開国以来の功績をたたえて、その場は終わった。しかしそののち文帝の北周の奪権に際して武力的バックとなった盧賁らのように高熲の欠点をあばきたてる人は絶えなかった。それに対して文帝は「高熲は鏡のようだ。磨けばますます光り輝く。」といって賞讃していた。

高熲の子の表仁は太子勇の娘むこであった。平陳の武功を背景に皇太子の座をねらう晋王広

とその一派にとって、高熲こそ太子勇の擁護者であり、その失脚こそ晋王広の皇太子への近道と考えるようになってきた。そのうえ平陳の役以後、文帝の意志も晋王広に傾くようになってきた。文帝が太子勇廃嫡について高熲にたずねると、高熲はそれに答えて、

太子は長幼の序によるべきで、太子勇を廃することなどありえません。

というので、文帝も黙ってしまった。

さきごろ高熲は妻に先だたれた。独孤皇后は文帝に「陛下はどうして再婚をすすめないのですか。」といったので、文帝が高熲に皇后の言葉を伝えると、高熲はこれに対して、

私はもう年をとりました。退朝いたしましてからは、精進生活をして、仏典を読誦《どくじゅ》いたしております。陛下のおめぐみの深いことにはただ感謝いたしますが、再婚のことはお許しいただきますよう。

といった。しかし、独孤皇后は、文帝が高熲の愛妾が男子を生んだことを聞いて喜んでいることを知り、不快の色を見せた。文帝がそのわけをたずねると、皇后は、

陛下は高熲を信じていらっしゃるのですか。はじめ陛下は熲に再婚をすすめられたとき、熲は愛妾がありながら、陛下をだましたのです。いまその証拠が出てきました。陛下はどうして熲を信頼されるのですか。

といった。このことがあってから、文帝も高熲をうとんずるようになった。

←隋代白磁黒彩侍吏俑→
河南省安陽隋張盛墓出土

五九八年（開皇一八）、高句麗が遼西に進攻してきたので、文帝は漢王諒（楊広の弟）を行軍元帥として、水陸三〇万の軍で進軍させた。漢王諒は年がまだ若かったので、高熲を元帥長史として事実上の指揮をとらせた。しかしこの戦役は長雨と伝染病のため不成功に終わった。皇后は「熲はしぶしぶ行ったので、こうなることはわかっていました。」という。またこの戦いで、熲は至公の立場でどんどん事を処理し、漢王諒の意見は用いなかった。諒はこれが不満で、帰還すると、「私はひょっとすると高熲に殺されたかもしれません」といった。また高熲とともに高句麗の役に司令官として従軍した王世積が罪のため取り調べを受けたとき、禁中の情報を熲からもらいましたといった。文帝はこの二点から熲を疑った。賀若弼《がじゃひつ》ら熲の無罪を述べる者が多かったので、文帝はかえって激怒し、ついに高熲を免官にしてしまった（五九九年、開皇一九）。

❖楊素の専横

高熲が南朝平定ののち、だんだん文帝の信任を失っていったのに対して、晋王広と深く結託した楊素が台頭してきた。

楊素は弘農華陰の人で、後漢の楊震の子孫とあるから、信頼できない隋室楊氏の系譜と同じである。しかし楊素の子の楊玄感が隋末に反乱をおこしたとき、「華陰の諸楊」が玄感を援助している事実があるから、楊素の方は、華陰の楊氏の正系と見てよい。

楊素の才能を認めたのは従叔祖（祖父の兄弟）の楊寛である。寛は北魏末に孝武帝に従って宇文泰の傘下《さんか》にはいり、西魏の武将として活躍し、北周となってからも、小冢宰《しょうちょうさい》・御正中大夫の要職を歴任した。楊素の父の楊敷は、北周武帝のとき、北斉と戦い、降伏をすすめられたが屈しないで戦死した。

楊素は学問を好み、文章・書が上手で、占いを好んだ。鬚《ひげ》が美しく、英傑の風があった。北周初期の実権者である宇文護に引きたてられ、北斉との戦いに武勲をあげた。文帝が北周で丞相府を開いたとき、尉遅迥の討伐に名をあげた。隋朝になり、五八四年（開皇四）、御史大夫（監察庁長官）となった。

その妻の鄭《てい》氏と夫婦仲が悪く、あるとき楊素が、

私がもし天子となっても、お前は皇后となる資格はない。

と冗談をいった。妻はこの言葉を文帝に奏上した。このため楊素は免官になった。

しかし平陳の役に際して、その実力を買われて、晋王広・秦王俊と並ぶ行軍元帥となり、楊素は長江上流から水軍を率いて陳を攻撃することになった。軍規厳粛で「江神」と恐れられた

が、首都建康に突入しないうちに陳が平定されたことは前に述べた。しかし楊素は威風堂々と長安に凱旋《がいせん》し、これより隋の官界に大きく登場することとなった。

五八九年（開皇九）、納言に進み、翌年、内史令と栄進し、五九二年（開皇一二）、蘇威に代わって尚書右僕射となり、左僕射の高熲と並んだ。翌年、岐州（陝西《せんせい》省鳳翔《ほうしょう》県の南）に仁寿宮とよぶ離宮を造営するに際し仁寿宮大監となった。完成したとき、高熲はそれが壮麗にすぎ、人民を疲弊させたと非難したが、独孤皇后のとりなしで事無きを得た。

❖楊広、皇太子の座に

晋王広が揚州総管のとき（五九〇年、開皇一〇年よりのち）、入朝して帰還に際し、母の独孤皇后のところへ別れの挨拶《あいさつ》に参上してはらはらと涙をおとし、「私は平素より兄弟の道を守っておりますのに、兄の太子勇は自分に好意を示してくれず、あまつさえ毒殺の危険にいつもびくびくしています」と訴えた。皇后も太子勇のことを悪しざまにいい、二人で泣き合い、このとき、皇后は太子勇を廃嫡《はいちゃく》する決心をした。

宇文述は武川鎮の人で、北周のとき宇文護に可愛がられ、北周末、文帝が丞相府を開き、尉遅迥が反乱をおこしたとき、討伐に活躍し、平陳の役にも軍功があった。晋王広はこの宇文述に目をつけ、寿州総管に推薦してやっておいて、太子勇を廃嫡する計画をたずねた。それに答えて、「太子勇の評判は落ち、晋王広の名声はあがっていますが、太子の廃立は容易なことではありません。それには楊素の力をかりるほかありません。そのためには楊素の信頼する弟の楊約をまず動かすのがよろしい」といった。そこで宇文述は広から資金をもらい、ばくちで楊約に勝たしてやって取りいり、楊約から兄の楊素に働きかけてもらった。そのお礼に晋王広は娘の南陽公主を宇文述の子の宇文士及に嫁した。楊素は晋王広を太子にするには一段と独孤皇后を動かすほかないと判断した。

あるとき、宴会の折、楊素は独孤皇后に、「晋王広は孝悌にして恭敬、陛下によく似ておられます。」といって、皇后の気を引いてみた。皇后は、「お前のいう通りだ。広は礼儀正しいし、嫁の気質もよい。それにひきかえ、勇の奴はつまらぬ女や小人をいつも近づけ、弟を可愛いがらない。私は広がいつかは勇に殺されはすまいかと、それればかりが心配だ。」といった。そこで楊素は太子勇の不才を大げさにいった。一方、太子勇はもうどうしてよいかわからず、楊素らの奸計《かんけい》にはまっていくばかりであった。文帝もはじめは信じなかったが、皇后の勇についての動静の偽りの報告を信じてしまい、太子廃立の不可を諫める者があっても、聞き入れなくなってしまった。

ついに太子勇に最後のときが訪れた。太子勇は枯れた槐《かい》（えんじゅ）の木はつけ木によいと聞いて、数千枚作り貯えた。また艾《もぐさ》数斛《こく》を貯蔵し、馬一〇〇〇匹を飼っていた。これらはすべて反乱の準備の証拠品にされてしまった。楊素はまた天子のものに似た太子勇の持ち物を殿庭にならべ、文武の群臣に示し、太子の罪状とした。

六〇〇年（開皇二〇）一〇月九日、文帝は太子勇を召し出した。勇は殺されるのではないかとびっくりした。文帝は軍服を着て兵士をならべ、百官を東面させ、皇族を西面させ、そのなかへ勇とその子供をならべ、皇太子勇とその子供の位を廃する詔勅を読ませた。勇は「命だけはお助け下さい。」といって泣きながら立ち去った。

その翌月三日、晋王広は皇太子となった。その日、大地震があった。勇は東宮に幽閉され、広が監視した。勇は無罪を主張し、広に父文帝に取りつぎをたのんだが聞き入れられなかった。勇は樹にのぼって大声で叫び、その声は文帝にも届いた。楊素は勇の気が狂ったといい、文帝もそう思いこみ、ついに勇は文帝に再びお目通りできなかった。

❖文帝の死と楊広の即位

六〇二年（仁寿二）八月、独孤皇后は、文帝に先立って死去した。享年五〇歳であった。彼女は文帝と並んで二聖とまでいわれ、政治にもかなり口ばしを入れ、功罪あいなかばした。また一面において、文帝はこれまで皇后の嫉妬《しっと》心に苦しめられてきたので解放感を味わい、愛妃に溺れていった。その愛妃のひとりが、陳の宣帝の娘である宣華夫人陳氏であり、もう一人も旧南朝出身の容華夫人蔡氏で、いずれも陳の滅亡後に宮廷にはいった人たちである。

一方、朝廷では文帝の晩年、楊素の専権はますますいちじるしくなり、その一族で苦労もなく大官となる者も多く、朝野こぞって楊素に畏怖《いふ》した。家には奴隷が一〇〇〇人もおり、後庭の妓妾で綺羅《きら》を曳《ひ》く者がまた一〇〇〇人にのぼり、その邸宅の豪奢なことは宮廷になぞらえ、その貴く盛んなことは近ごろためしがないといわれた。また楊素はいろいろと営利事業までいとなんでいた。首都から地方まで、邸店《ていてん》（旅館と倉庫業を兼ねたもの）、碾磑《てんがい》（水力を利用した製粉業）を経営し、また田宅の数もはかり知れず、ときの人からは軽蔑された。

このような楊素に対して、大理卿（司法長官）の梁毗《りょうひ》はこんな状態では国の大患となろうと思って、きびしく弾劾した。文帝は梁毗を獄につなぎ、自分で訊問した。しかし梁毗は一段ときびしく極言するので、文帝は梁毗を許し、楊素もこれ以後ようやく文帝にうとんぜられるようになった。文帝は楊素に対し、
あなたは国の重臣ですから、これからは細かい政務まで自分でみていただかなくてもよろしい。三、五日（三日か五日にの意味か、一五日の意味かはっきりわからない）に一度、重大事だけについて意見をのべて下さい。

といって、外見では特別の尊崇ぶりを示すようにして、実際はその権限を縮小した。

以上のような情勢のなかで、六〇四年（仁寿四）四月、岐州の仁寿宮に行幸していた文帝は

病にかかった。宣華夫人らを寵愛し過ぎたためといわれている。天下に大赦したが、その甲斐もなく、同年七月一〇日、文帝は危篤におちいった。太子広や楊素らは病床に侍していた。太子広は文帝崩御後のことについて手紙で楊素にたずねた。楊素は返事を箇条書にした。しかしどうしたことか宮女はその返事を間違って文帝の所へ届けた。そこに何が書いてあったのか、文帝はその返事を見て激怒した。たまたま宣華夫人が夜明けにトイレにいった。すると太子広が追いかけてきたので、やっとのことで文帝のもとに逃げ帰った。文帝は宣華夫人の顔色が普通でないので、そのわけをたずねると、夫人はさめざめと泣いて、「太子が無礼をしました。」という。文帝は怒ってベッドをたたいて、

畜生《ちくしょう》、どうしてあいつに大事など託することができよう。独孤皇后がわしを誤らせた。

といい、「我が児をよべ」という。そこで太子広をよぼうとすると、文帝は「勇だ」といって、勅書を書かせた。恐らく勇をふたたび後嗣とする内容であったろう。楊素はこれを聞いて、太子広に告げ、詔勅を書きなおさせ、太子広の側の宇文述に御殿を固めさせた。そしてこれも太子広の側で右庶子（太子の補導官）の張衡《ちょうこう》を御殿に入れて文帝に侍らせ、宣華夫人や他の宮女は別室に退けられた。そのなかで文帝は崩御した。ときに六四歳であった。

以上が文帝崩御の経過のあらましであるが、各史料とも文帝が殺されたとは書いてない。ただし北宋の司馬光（一〇一九〜八六）の『通鑑考異』には、張衡が毒を進めたとか、張衡が文

帝を拉致《らっち》し、血が屛風にしぶき、冤痛《えんつう》の声が外に聞えた、という民間の史料をあげているが、従っていない。しかし文帝が病中ながら遺詔でふたたび勇を後嗣にしたのならば、太子広側のものが文帝を殺害した可能性は確かにある。

一方、宣華夫人は異変を聞き、ぶるぶるふるえていた。午後になって、太子広は宣華夫人のもとへ小さな黄金製の合子《ごうす》（ふたもの）を届けた。それには太子広の自筆で「封」と書いてあった。宣華夫人はこれを見ておそれおののき、自殺をせまる毒がはいっていると思って開けなかった。使者が返事を催促するので開けてみると、合子のなかには「同心結《どうしんけつ》」（ラヴレター）が数枚はいっていた。そこで宮女たちはほっとして、「命だけは助かった」といったが、宣華夫人は怒ってお礼をいわなかった。宮女たちはむりやりに使者におじぎをさせた。その夜、皇太子は宣華夫人と関係した。史料はこのように楊広を悪しざまに書いている。父の妃と関係を持つことは中国の道徳では許されないことはいうまでもない。

七月二〇日に、文帝の喪を発表し、太子広が即位した。煬帝《ようだい》という（ただしこれは後に唐がつけたおくり名）。煬帝はただちに楊素の弟の楊約を長安に派遣し、文帝の遺詔と偽って、廃太子勇を縊殺《いさつ》（しばり殺すこと）させた。八月三日、文帝の遺骸は岐州の仁寿宮を発し、一二日、長安に帰った。

煬帝の弟の漢王諒は文帝の寵愛を受け、并州（山西省太原）総管となっていた。煬帝は文帝崩御のとき、文帝の璽書《じしょ》（皇帝印のある手紙）と称して漢王諒を首都に召還しようとした。文帝はかねてより漢王諒と密約をして、璽書で召還するときには、「勅」字の傍らに点を一つつけておき、割符《わりふ》にも一定のものを打ち合せておいた。漢王諒がこの璽書を開けてみると約束ごとはなかった。そこで漢王諒は文帝に異変があったことを知り、ついに挙兵した。しかし楊素のすばやい襲撃に合い、たちまち鎮定された。諒はいったん死刑は許されたが、皇族の籍を剥奪《はくだつ》されて幽閉中に殺された。これで煬帝の兄弟は一人も在世しなくなった。

III

煬帝の治世

国土計画と諸制度の改革

❖東都の造営

煬帝は即位後、国土計画として大規模な構想を実施した。まず北辺を東西に長城で固めて対遊牧民族防衛の第一線を構築した。そのうえ、長安のほかに、洛陽《らくよう》にも東都を造営して、東西に両都を構えた。そして、その両都をまず運河で東西に結び、さらに北の幽州（現在の北京）と、南の長江をこえた杭州とを南北に大運河の水路で結ぶという一大構想である。

煬帝は即位の年（六〇四）一一月、早くも洛陽（河南省）に行幸し、華北大平原の中心都市を目のあたり見た。この一帯はもと北斉の支配していた地域であり、長安を中心に北周を継承した隋が国権を伸長するには、関中からのり出して、華北大平原を完全に掌握することが必要である。またこの一帯は、文帝朝において、漢王諒に支配をまかせていた。その点からも以上のような必要性が痛感された。これが煬帝の洛陽に東都の営建を構想した理由である。煬帝はまず洛陽の四周に塹《ごう》を掘り、ここの防備から始めた。このために丁男《ていだん》（成年男子）数十万を動員した。後世非難されることになる煬帝の大土木工事の端緒である。

即位の翌年（六〇五）、大業《たいぎょう》と改元した。その年正月、蕭《しょう》皇后を立てた。後梁《こうりょう》（五八七年まで隋の保護国）明帝の娘で、学問を好み、文章も上手であった。また煬帝の長男昭を太子とした。

その年三月、楊素らに命じて、正式に東都の営建を開始した。まず四方に通ずる道路工事より始め、新城内に富商をはじめとして移住を行わせた。このために毎月二〇〇万人（当時の人口は約四六〇〇万）の徭役《ようえき》労働を投入するという大規模なものであったと文献には見える。しかし最近の考古学的調査では、せいぜい内城の部分がわかるだけであるが、煬帝の工事が唐の洛陽城と比べてとくに大きいというわけではない。

洛陽近くの龍門奉先寺

　また洛陽より四〇キロ西方の皁澗《そうかん》（河南省新安県）に壮麗な顕仁宮を造営した。その周囲は数百里（一里は約〇・四五キロ）、そこに一大動植物園を造り、天下の珍木奇獣などを集めた。これらの東都と顕仁宮の造営は、江南から大木を運搬させ、その列は一〇〇〇里も続いた。また督促があまり急なために倒れた者が半数にものぼるという過酷ぶりであったという。東都は早くも六〇六年（大業二）四月に完成した。煬帝は正式の鹵簿《ろぼ》を揃え、千乗万騎とともに、東都にはいった。まず大赦を行い、ついでその年の税役を免除して、東都造営のための過重な負担の緩和をはかった。

このほか、煬帝は長安の大興城の西に周囲二〇〇里におよぶ西苑を作り、池を掘り、川を作り、川に沿って一六院を造営し、一つずつに四品官相当の女官を置き、月夜ここに遊び、「清夜遊曲」を作ったとも書かれている。

❖長城と運河の建設

五八七年（開皇七）二月、文帝は丁男一〇万余人を発して長城を築き、二〇日で完了した。それは陳を討つに際して北辺の安全を確保するためであったと思われる。

六〇七年（大業三）四月より、煬帝はみずから北辺旅行を行い、突厥の啓民可汗を楡林《ゆりん》（内蒙古自治区托克托《トコト》付近）にあった牙帳《がちょう》（大テント）に訪問した。可汗はみずから草を刈って歓迎した。このとき楡林から涿郡まで三〇〇〇里にわたって、広さ一〇〇歩（一歩は五尺）の御道《ぎょどう》ができた。それは煬帝のぜいたく好みからばかりでなく、一旦有事の際には軍用道路にも利用しようとの意図からでもあった。七月には、丁男一〇〇余万を発して、楡林から紫河《しか》（陰山方面）にいたる長城を築き、二〇日で完了した。現存の明《みん》代の長城より北方になる。もちろんいま見るような立派なものではなく、土を掘って盛りあげた抵抗線的な塹壕《ざんごう》であろう。しかしこの工事は死者がなかばにも達する過酷なものであった。翌年七月にも、丁男二〇余万を発して長城を築いた。その年九月、長城の構築に動員された者に対して、一年間の税役《ぜいえき》を免じた。

また煬帝の頭には、せっかく併合した旧南朝治下の江南と北方を水路で結び、南朝治下の江南開発の成果で北方を潤《うるお》し、経済的にも南北統一の実績をあげたいという念願があった。しかしこれは煬帝が初めて着想したものではなく、歴代の部分的な運河をつないで貫通をはかったものである。

父の文帝は長安に大興城を築いたため、どうしても東方の華北大平原との間の輸送の問題を解決しなければならなかった。

五八四年（開皇四）六月、文帝は渭水《いすい》（長安の北を通って黄河にそそぐ）に砂が多く、水路に深浅があって航行に不便なため、渭水とは別に運河を掘って潼関《どうかん》で黄河と結び、これを広通渠《きょ》と名づけ、以下は黄河を下って洛陽方面と水路で通ずることができた。

また五八七年、文帝は淮水と長江を結ぶ山陽瀆《さんようとく》を開いた。この運河はすでに春秋時代（前八世紀～前五世紀）より開通していたといわれる。文帝はこれを修復した。これが五八七年（開皇七）のことであるのは、一面ではまもなく開始される平陳の役の準備であることはいうまで

江都（揚州）と大運河

もない。

❖大運河の完成と巡幸

煬帝は即位の翌年（六〇五）三月、早くも通済渠《つうさいきょ》を開通させた。これは東都洛陽の西苑と黄河を結び、つづいて黄河南岸の板渚《はんしょ》（河南省汜《し》水県）から汴州《べんしゅう》（河南省開封市）・宋州（河南省商邱《しょうきゅう》市）をへて、泗《し》州（江蘇省宿遷県）で淮河にはいる運河であった。この完成には河南・淮北の民が前後一〇〇余万動員された。

また邗溝《かんこう》（山陽瀆《とく》）は広さ四〇歩（約六四メートル）とし、運河の傍らに「御道」を築き、柳を植えた。白楽天（七七二～八四六）が新楽府《しんがふ》のなかで詠じた「隋堤柳《ずいていりゅう》」は楽天当時のこの柳の様子である。邗溝の完成をもって、長安の大興城から東都洛陽も結ばれ、長江に達した。また黄河・淮河・長江の三大河川を運河で結んだわけである。煬帝は長安から江都《ごうと》（江蘇省江都県）にいたる間に離宮四〇余所を設け、巡幸に備えた。

六〇八年（大業四）正月、さらに永済渠を開通させた。これはいまの河南省武陟県《ぶちょく》（当時の黄河の北岸）と涿郡《たく》を結ぶ運河である。これは後の高句麗遠征の準備であろう。このときには丁男だけでは足らず、婦人までも動員した。

六一〇年一二月には、江南河を完成させた。これは京口《けいこう》（江蘇省鎮江県、長江の南岸）から余杭《よこう》（浙江省杭州市）にいたるものであるが、この辺は長江のデルタ地帯で、水路が四通八達し、運河はこれと結んで大きな便利を与えた。

かくして、永済渠・広通渠・通済渠、邗溝・江南河と、いわゆる大運河が完成し、西は長安、北は涿郡、南は余杭と、これらの重要都市が水路で結ばれた。現在の大運河は元代に東方に移されたものであるが、北京と杭州を結ぶことに変わりはない。

しかしこの大運河の管理はむつかしい。とくに通済渠は黄河の水を南に流すので、南方から遡行しなければならず、そのうえ、黄河は一〇月から三月までは減水のために使用できず、また黄河の分水口からたえず泥が流れ込み、いつも河ざらいや護岸工事をしなければならなかった。また邗溝や江南河には、水量調節のため閘《こう》や堰《えん》を設けた。閘とは両岸から石塁《せきるい》をつき出し、真中に板を上下できるようにして水量の調節をする装置である。堰は運河の水位の高い部分と低い部分の接点に傾斜面を作り、縄で舟を引き上げる装置である。

大運河といえば煬帝の遊幸がまず思いうかべられる。著名な巡幸は即位の翌年（六〇五）八月に、通済渠の開通を記念して江都に龍舟に乗って行ったときのものである。龍舟は四階建てで、高さ四五尺、長さ二〇〇尺（二〇〇丈とあるのは大きすぎる）に及び、上層に正殿・内殿・東西朝堂があり、なかの二階には一二〇室があり、みな金玉で飾り、一階には宦官《かんがん》がいた。皇后の舟は別にあり、その規模は煬帝のものより小さいが、装飾は変わらなかった。このほか陪従する舟は数千隻にのぼり、これらには煬帝の後宮、諸王、公主・百官・僧尼・道士や外国の使節が乗った。舟を曳《ひ》く者は八万余人あって、かれらにはきらびやかな服装をつけさせた。このほか皇帝警備の十二衛の兵士を乗せる八本櫂《かい》の舟数千隻があり、これらの船列は二〇〇余里にのぼった。沿岸五〇〇里内の人々は食事の献上を命ぜられ、水陸の珍奇なごちそうをならべた。しかし後宮の人たちは食べあきて、出発に際しては棄てて埋めたという。

以上のほかにもその豪華絢爛《けんらん》なさまはこれでもかといわんばかりに書かれている。そして煬帝巡幸用に大運河が造られ、そのため人民は塗炭《とたん》の苦しみにおちいったとされる。それには誇張もあろうが、事実もあろう。しかし煬帝はこのような巡幸のためにだけ大運河を造ったわけでは断じてないであろう。大運河の完成こそは南北朝の具体的な統一の完成といってよいであろう。

❖律令の改訂

煬帝は即位後、文帝朝の開皇律の改訂に着手し、六〇六年（大業二）、これを完成し、翌年四月、頒布施行した。これを大業律とよぶ。律改訂の趣旨は、開皇律の過酷な刑罰の軽減にあった。その結果、律五〇〇条中、二〇〇余条にわたって刑の軽減が行われ、人民はその寛大さを喜んだ。煬帝は暴君といわれるから、律は過酷だろうと思うのは誤りである。また律のなかの篇目の分け方を大幅に改訂した。次ページの表のとおりである。

開皇律では戸婚となっているのが、大業律では戸と婚に分れ、また開皇律の廐庫《きゅうこ》が、大業律では廐牧と倉庫とに分れているように、大業律は篇目が細分化されている。前に記した二〇〇余条に及ぶ刑の軽減とともに、大業律はかなりの改訂を開皇律に加え、しかもそれは刑を寛大にする方向での改訂であった。

また大業律と開皇律の相違点として、開皇律の十悪が大業律では八悪になっているということがあげられる（『唐律疏議』十悪之条の疏議）。わが国の養老律は唐律の十悪に当たる部分が八虐となっていて、大業律に合う。といって養老律が大業律に拠ったとまで主張する積もりはない。しかし遣隋使が律を持ち帰ったとすれば、それはまず大業律であることだけは指摘しておこう。

大業律	開皇律
※名例	※名例
衛宮	衛禁
違制	職制
請求	戸婚
戸	廐庫
婚	※擅興
※擅興	盗賊
告該	闘訟
賊	※詐偽
盗	※雑
闘	※捕亡
※捕亡	※断獄
倉庫	
廐牧	
関市	
※雑	
※詐偽	
※断獄	

※印は同名のもの。『隋書』刑法志に拠る。

開皇律と大業律の篇目対照表

令についてはあまり史料がな

い。開皇令・大業令ともに三〇巻あった。ただ官品令において、開皇律は九品のなかが正・従・上・下に分かれていたのが、大業令では上・下の別がなくなり、また朝廷における官吏の序列は品の上下により、同品のときは役所の序列により、役所が同じ時は所属の部局の序列によることが開皇律とは違っていた（『通典』巻三九、職官）。

❖煬帝晩年の酷刑

文帝はその帝号から見ると文徳のある君主のように見えるが、実はそうではない。文帝は疑い深い性格であり、また法律でも盛んに重刑を加えている。例えば、あるとき、文帝は官吏にこっそり賄賂をおくらせ、それを受けとった者を死刑にするようなことをしている。また文帝は朝堂でしばしば臣下に杖を加えた（廷杖《ていじょう》という）。高熲は「殿廷は決罰の地ではない」といって諫めたが、文帝は聞き入れないので、朝堂内には杖をおかないようにした。しかしこの癖を文帝は末年までやめなかった。

煬帝は前述のように、律において文帝朝より減刑を行っている。これまでを人気取りのためだといってしまってはあまりに気の毒である。

しかし、六一二年（大業八）、未曽有の大軍を動員した第一次高句麗遠征が失敗に終わると（後述）、各地に群盗・反乱が蜂起した。それからの煬帝は常軌を逸した過酷な刑罰を執行した

ようである。例えば、

天下に勅して、窃盗以上、罪に軽重なく、聞奏を待たず、みな斬す（『隋書』刑法志）。

とか、また六一三年には、

また詔して、盗をなす者はその家族・財産を官に没収す（同上）。

というようなことをし、天下にますます群賊を猖獗《しょうけつ》させてしまったことは確かにある。とくに、六一三年、楊素の子の「楊玄感の反乱」後は、その一族全体に罪を及ぼしたり、轘裂《かんれつ》（車裂きの刑）、梟首《きょうしゅ》（さらし首）、磔《たく》（はりつけ）や、大官にその肉を食わせるなど律にない刑を執行したこともあった。しかし唐代の記録（『旧唐書』刑法志など）に見える、「煬帝は忌刻《きこく》にして、法令は峻厳、人は命に堪《た》えず。」とか、「煬帝、末年は厳刻、生殺情に任《まか》せ、例に依らず。」などとあるのは、いずれも、煬帝末年の絶望的な特殊な情況の場合であったとみなしてやるべきで、これが煬帝のすべてであったとしてはならないであろう。

❖首実験

人民の性別・年齢が戸籍通りであるか一人一人首実験することを貌閲《ぼうえつ》という。「案比《あんぴ》」ともいい、後漢《ごかん》（一～三世紀）以来この記録がある。戸籍を作成する限りこういうことは必要であろう。

隋代で貌閲の記録は、文帝の五八三年（開皇三）と、煬帝の六〇九年（大業五）と二回見える。しかしこれが実は六〇九年一回であることは礪波護氏の研究に従うべきである（「隋の貌閲と唐初の食実封」『東方学報』京都、三七冊）。

貌閲の大規模な施行を大索《たいさく》貌閲という。煬帝は六〇九年に、裴蘊《はいうん》に命じて、戸口の漏れや、年齢を詐《いつわ》る者が多いので、大索貌閲を行わせ、一人でも不正な者が発見されると、官吏は免職にし、郷正・里長は遠流にし、さらに民の不正の告発者は、一丁男を発見すると、不正をした家は告発者の家の税役の代納をさせることにした。この結果、丁男二四万三〇〇〇、口数六四万一五〇〇が新たに追加された。

この大索貌閲は一見して苛政《かせい》と思う人があるかもしれないが、これは戸籍主義を採用する限り、行政の徹底のために、また行政の公平のためにも行ってよいものである。この貌閲は、唐代において、律令制維持のために行った括戸《かっこ》政策とは異なる。括戸は戸籍から逸脱した逃戸を本籍地につれもどすことを主眼としている。貌閲はあくまで戸籍の不実の記載の修正に重点があるのであって、とくにどの階層に有利不利があるものでもない。大索貌閲を煬帝の苛政と見る者があれば、それは誤りであって、むしろ煬帝が政務に精励した結果とみるのが至当な見解である。

こう見てくると、煬帝は六一二年以後の反乱拡大期を除くと、一部に派手な江都行幸や、東都造営・長城構築、大運河の開削のための大動員は確かにあるが、これは意欲的な皇帝ならばよくあることで、とくに暴君とみなさねばならない点は少ない。煬帝の暴君ぶりは、反乱拡大期に際して、デカダンスにおちいっていった一部の暴政が誇張して唐代の史料に記載されていると見てよいのではなかろうか。

仏教と文学

❖晋王広時代の仏教政策

煬帝の父文帝が崇仏家であることは前に述べた。隋朝創業とともに、楊広は晋王となり、并州総管に就任し、并州（山西省太原）に赴任するや、内堂に高僧を住まわせ、仏典の講義を受けた。

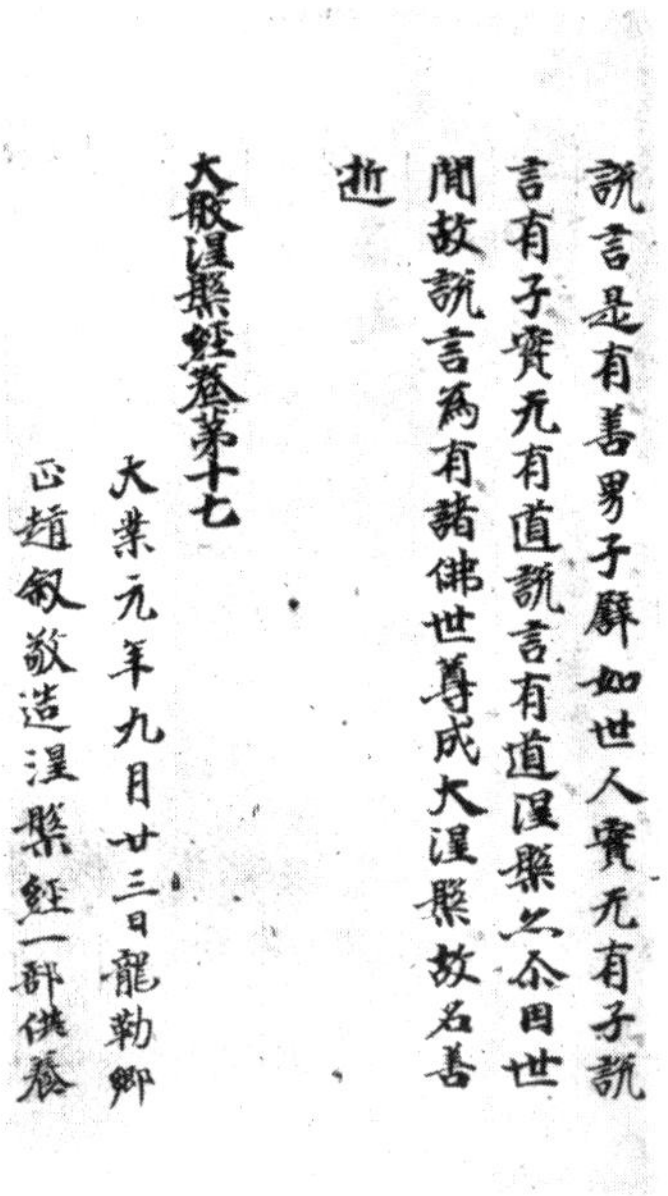
訛言是有善男子譬如世人實无有子訛
言有子實无有道訛言有道涅槃亦尓世
間故訛言爲有諸佛世尊成大涅槃故名善
逝
大般涅槃經卷第十七
大業元年九月廿三日龍勒鄉
正趙叔敬造涅槃經一部供養

大業元年大涅槃経

文帝は南朝陳を平定したのち、ふたたび小規模な反乱が南方におこると、南朝平定の総司令官であった晋王広を揚州総管に任命して、江都（江蘇省）に駐在させ、ふたたび江南鎮撫に当たらせた。この揚州総管在任中に四道場を置いた。これは仏教二道場と道教二道場から成っていた。晋王広の信仰はもちろん仏教にあったが、道仏併尊の時代であるのでこのような形をとった。仏教の二道場とは、慧日《えにち》道場と法雲道場で、慧日道場は僧寺、法雲道場は尼寺である。この道場は内道場または家僧とよばれているから、これは官設の寺院ではなく、私設的なものであった。この内道場の家僧は十分な待遇を与えられて、晋王の徴召に応じて仏理を説き、その巡遊に随行した。

この内道場の設置は、一面では旧南朝系の仏教教団を隋朝側にひきつける方策でもあり、また一面では、晋王広の南朝側への傾斜を示すものでもあった。

❖煬帝の師僧

煬帝が晋王広時代にもっとも帰依した高僧が天台宗の開祖の智顗《ちぎ》である。

智顗は梁の武将を父に持ち、両親は出家を望まず、一度、梁に仕官したが、一八歳のときに出家した。五六〇年（陳文帝の天嘉元、北周明帝の武成二）、光州（河南省潢川《こうせん》県）の大蘇山で慧《え》思《し》の門にはいって、法華三昧《ほっけさんまい》を大悟《たいご》した。五七五年（北周武帝廃仏の翌年）、天台山（浙江省天台県）にはいり、一〇年修業して、天台宗開宗の基礎を修得した。五八四年（陳後主の至徳二、隋開皇四）、陳の後主に迎えられて首都建康にはいった。隋の平陳の役に際しては、廬山《ろざん》（江西省九江）に難を避けていた。

晋王広は五九一年（開皇一一）、智顗を江都に招いた。智顗は晋王広に菩薩戒《ぼさつかい》と総持という法名を授け、晋王広は智者大師の号を智顗に贈った。

智顗は晋王広の才能を認め、仏法の広隆を晋王広を通じて期待した。五九四年（開皇一四）、天台三大部を説き、天台教学を完成し、翌年、晋王広の請により、天台山より下山の途中入寂《にゅうじゃく》（死去）した。それ以前に、智顗は『浄名経《じょうみょうきょう》』の疏《そ》（注釈）を自書して広に与え、在家仏教の妙《みょう》諦《たい》を説いた。またその遺書にも、晋王広を讃えるとともに、儒教の仁政にあわせて、仏教治国の理想を失ってはならないと説いた。晋王広と智顗の関係を見ると、煬帝が暴君であるというイメージはまったく出てこない。

❖仏教への傾倒

煬帝は即位後建設した東都にも、江都と同様に内道場を置いて、宮中の仏事修行の精舎《しょうじゃ》とした。その以前に、煬帝は長安に日厳寺《にちごんじ》を置いて、江都の四道場の高僧を招き、それを東都に転住させた。江都以来の僧は一八人中六人おり、半数は華北出身の僧であり、内道場の内容は江都のものと大差がなかった。仏教二道場と道教二道場から成ることも同じで、一道場が一つの建物を持っていた。内道場には、煬帝の大業初めに実に二〇〇〇余人の高僧がいたほど盛んなものであった。

煬帝は以上のように、晋王広時代以来、深く仏教に帰依《きえ》し、名僧智顗に傾倒した。日常もたえず仏教を崇拝しただけでなく、例えば、即位の翌年の龍舟を連ねた江都行幸にも、四道場を従えていた。その他の巡幸にもいつも僧尼・道士、女冠（道教の尼）を従えていたことは明証がある（『資治通鑑』大業六年正月の条）。また第一次高句麗遠征は智顗の入寂後であるので、その高弟の灌頂《かんちょう》をわざわざ涿郡《たくぐん》に招いた。これは遠征中の江南対策を、江南大衆の信奉する智顗の高弟を通じて行った面もあろう（煬帝の仏教に関することは、多く山崎宏氏の『隋唐仏教史の研究』法蔵館に拠った）。

❖詩人煬帝

いつも臣下とともに煬帝を罵倒《ばとう》している李世民＝唐の太宗が、あるとき、侍臣に次のような問いを発している。

隋の煬帝の文集を観るに、その文辞は奥博であって、この人は堯・舜であっても桀・紂ではない。しかしその行いはどうしてその詩とは反対なのだろうか（『資治通鑑』貞観二年六月の条）。

煬帝に対しては点の辛い唐の太宗も、煬帝の文学作品には感心している。煬帝の文集はもと五五巻あり（『隋書』経籍志）、一七人の文集が残っている隋人のうちもっとも巻数が多い。いまも『全隋詩』に、楽府一七首、詩三四首を残している。しかもその詩はたんに量が多いだけでなく、質的にもすぐれている。煬帝こそは隋第一の詩人であったといってよい。

崇仏家としての煬帝のことを先に述べたので、まずかれが皇帝もしくは晋王としての体面などは捨てて、素直に仏道に帰依している姿を詠じた「方山の霊巖寺《りょうがんじ》に謁す」という詩をあげてみよう。

梵宮既隠隠　梵《ぼん》宮（寺院）はすでに隠々《いんいん》として
霊岫亦沈沈　霊岫《しゅう》（霊厳山）もまた沈々たり
平郊送晩日　平らなる郊《の》は晩《ゆうべ》の日を送り
高峯落遠陰　高き峯は遠き陰を落とす
廻旛飛曙嶺　廻《めぐ》れる旛《はた》は曙《あかつき》の嶺《みね》に飛び
疎鐘響晝林　まばらなる鐘は晝の林に響く
蟬鳴秋気近　蟬は鳴いて秋気近く
泉吐石溪深　泉は吐きて石溪深し
抗迹禅枝地　迹《み》を禅枝（寺院）の地に抗《きょ》くして
発念菩提心　菩提《ぼだい》を念う心を発《おこ》さん

この詩がいつ詠《よ》まれたかはわからない。方山は山東省長清県にあり、霊巖山ともいう。詩はその山の寺に参詣したときの作であるが、このときには煬帝の暴君のイメージとはおよそ異なった仏教徒としての内省的な一面がよくあらわれている。

また「春江花月の夜」は煬帝がすぐれた芸術的資質の持ち主であったことを示す作品である。

暮江平不動　暮江は平かにして動かず
春花満正開　春花は満ちて正《いま》し開く
流波将月去　流波は月のひかりを将《も》ちて去り
潮水帯星来　潮水は星のひかりを帯《とも》いて来る

この詩は短い詩形のなかに、無限の空間と、艶麗な春江花月の情調とを写しえてはなはだ巧みである。煬帝が並の詩人でないことをよく示すものである。

❖「飲馬長城窟行」

煬帝の作でもっとも名高いのが、この「飲馬長城窟行《いんばちょうじょうくっこう》」である。これは楽府体の詩（歌謡体の詩）で、普通は夫を遠征に出した妻が夫の労苦を思って歌ったようになっているが、ここでは煬帝が遠征の将士に示したものとなっている。以下に読み下しておこう。

粛粛秋風起　粛々《さわさわ》として秋風起こり
悠悠行万里　悠々《はろばろ》として万里を行く

砂漠風景

万里何所行　万里何所《いずく》にか行く
横漠築長城　漠《さばく》を横ぎりて長城を築く
豈台小子智　豈《あ》に台《われ》のごとき小子の智よりせんや
先聖之所営　先の聖《ひじり》の営みし所なり
樹茲万世策　茲《こ》の万世の策《はかりごと》を樹《た》て
安此億兆生　此の億兆の生《いのち》を安んず
詎敢憚焦思　詎《なん》ぞ敢《あえ》て焦思するを憚《いと》いて
高枕於上京　枕を上京《みやこ》に高うせんや
北河秉武節　北河に武《いくさ》の節《しるし》を秉《と》り
千里捲戎旌　千里に戎《いくさ》の旌《はた》を捲く
山川互出没　山川は互いに出《みえ》つ没《かく》れつし
原野窮超忽　原野は窮《あくま》でも超忽《はるか》なり
摐金止行陣　金《かね》を摐《う》ちて行陣を止《とど》め
鳴鼓興士卒　鼓《つつみ》を鳴らして士卒を興《おこ》す
千乗万騎動　千乗万騎動き
飲馬長城窟　馬を長城の窟《いわや》に飲《みずか》う

秋昏塞外雲　秋は昏《くら》し塞外の雲
霧暗関山月　霧は暗し関山の月
縁巌駅馬上　巌《いわやま》に縁《よ》りて駅馬は上り
乗空烽火発　空を乗《しの》ぎて烽火は発《おこ》る
借問長城候　長城の候《ものみ》に借《こころ》みに問えば
単于入朝謁　単于《ぜんう》の入りて朝謁すと
濁気静天山　濁れる気は天山に静まり
晨光照高闕　晨《あした》の光は高闕《こうけつ》（内蒙古自治区オルドスの地名）を照らす
釈兵仍振旅　兵を釈《と》きて仍《よ》って旅を振《ととの》え
要荒事方挙　要荒（辺境）の事は方《はじ》めて挙がる
飲至告言旋　飲至《いんし》（凱旋の飲酒儀礼）して言《ここ》に旋《かえ》るを告げ
功帰清廟前　功を清廟の前に帰《いた》す

この詩がいつ作られたかは明らかでないが、詩中に「単于の入りて朝謁す」という句や高闕などの地名があることから見て、六〇七年（大業三）に煬帝が楡林郡（内蒙古自治区托克托付近）に行幸したとき（後述）の作ではないかと思われる。そうだとすれば、単于は突厥の啓民可汗を指していることになる。それはともかくとして、まことに覇気があふれる作品である。

塞外の広大な砂漠を背景とする勇壮な行軍の状態は、大軍の遠征をみずから指揮した人でなければ作れない迫力を持つ。そしてそれは、『唐詩選』の巻頭を飾る魏徴の『述懐』につらなって、唐詩の豊麗な世界の幕あけを予告するものであるといえる。

倭国と高句麗

❖北辺巡幸と悪政

煬帝は六〇七年（大業三）、北辺大旅行を試み、楡林（内蒙古自治区托克托付近）にいたった。先に述べた啓民可汗がみずから草を刈って歓迎したのはこのときのことである。突厥の啓民可汗と義成公主（北周趙王招の娘、宇文泰の孫）は、煬帝の行宮《あんぐう》に来て、馬三〇〇〇匹を献上した。煬帝は喜び、織物二〇〇〇段を下賜《かし》した。啓民可汗は上表文を奉って、その恩を感謝し、その官服を中国風にしたいとの希望を述べた。しかし煬帝は、服飾習慣などはそれぞれ本来のものを用うべきであるとさとした。そして煬帝は正式の鹵簿をととのえて、可汗の一〇〇〇人もはいる大テントに行幸し、可汗とその酋長《しゅうちょう》三五〇〇人に織物二〇万段を下賜し、かつ詔を下して、その忠誠をほめ、これから煬帝を拝するとき名のらなくてもよい特権と、位は諸侯王の上に在ることを明示した。また煬帝は雲内（山西省大同）をへて、可汗の居所にも行幸し、可汗は盃をあげて煬帝の長寿をことほいだ（『隋書』北狄伝）。

隋代彩絵陶楽人俑群（p.81と同じ）

その翌年、啓民可汗は東都洛陽に来朝した。このとき煬帝は、かねて準備していた大鯨《くじら》の噴霧変幻《へんげん》、二女による一〇丈の綱渡りや綱の上のすれちがい、吐火《とか》（火を吐く曲芸）などを演じさせ、可汗を驚かせた。以後、正月に四方の諸国が来朝するとき、八里にわたる劇場を端門《たんもん》（洛陽宮城の正門）外に造り、伎人には豪華な服装を、歌舞の者には女装をさせ、その数三万に及んだといわれ、煬帝悪政の一つとして名高い。

六〇九年（大業五）、啓民可汗は死去し、その子が始畢《シビ》可汗となった。始畢可汗は、六一五年（大業一一）八月、煬帝を雁《がん》門《もん》（山西省代県）に囲み、煬帝は命からがら脱出した。これが煬帝に高句麗遠征の断念を決意させることとなった。

❖倭国の台頭と遣隋使

わが聖徳太子（五七四〜六二二）は煬帝より五歳若かった。聖徳太子が女帝推古天皇の即位とともにその皇太子となったのは五九三年（開皇一三）のことである。その翌年、太子は仏教興隆の詔を下した。これは直接には百済の影響であろうが、隋の方策とも符合している。六〇三年（仁寿三）、太子は冠位十二階を制定し、従来の世襲的な姓《かばね》に対し、功勲によって冠位を与えた。これも隋の律令制的な品階制度の間接的な影響と見られ、『日本書紀』は、徳・仁・礼・信・義・智が大・小に分かれているのに対して、『隋書』の方は、徳・仁・義・礼・智・信の順序となっている。冠位十二階制定の翌年、名高い十七条憲法を発布した。これは西魏の蘇綽《そしゃく》の六条詔書の影響とみなされている。

わが遣隋使の派遣は『隋書』倭国伝（俀《たい》国とあるテキストは誤り）では次のようになっている。

大業三年（六〇七）、その王の多利思比孤《たりしひこ》（聖徳太子）、使を遣わして朝貢せしむ。使者曰《いわ》く。「海西の菩薩《ぼさつ》天子、仏法を重んじ興すと聞き、故に朝拝し、兼ねて沙門《しゃもん》（僧）数十人をして、来って仏法を学ばしむ。」と。その国書に曰く。「日出づる処の天子、書を日没する処の天子に致す。恙《つつが》無きや。」云々《うんぬん》と。帝（煬帝）これを覧《み》て悦ばず。鴻臚卿（外務大臣）に謂って曰く。「蛮夷《ばんい》の書、無礼有る者は、復《ま》た以聞《いぶん》（上奏）するなかれ。」と。明年、上《しょう》（煬帝）文林郎《ぶんりんろう》（秘書省に属する従八品の官）の裴清《はいせい》（裴世清）をして倭国に使せしむ。

この記事は『日本書紀』の小野妹子《おののいもこ》の遣隋使の記事と符合する。わが国の使者が煬帝に「菩薩天子」とよびかけたことは、隋朝が聖徳太子の眼に仏教国家と映じていたことの証拠である。仏教興隆を目指す聖徳太子は、隋朝を共通意識を持つ国家としてたのもしく感じたものと思われる。遣隋使派遣の目的の一つも、かれらをして実際に仏教国隋朝の姿を見聞させることにあった。僧侶数十人が留学したことはこのことを示している。またこれらの留学生が帰朝して、大化改新の原動力となったことは、わが国の歴史において忘れてはならない事実である。

わが国書中において、わが国を「日出づる処の天子」とよび、隋を「日没する処の天子」といった表現については様々な理解のしかたがあろう。煬帝は日本の無礼を怒ったが、一応許して答礼使を派遣した。しかしわが小野妹子は冠位が大礼であるから、冠位十二階中第五位(『隋書』の順序では第七位)であったのに対して、裴世清は九品中の従八品の官であったことは注目してよい。聖徳太子遣使の翌年(六〇八)、小野妹子は隋の答礼使の裴世清とともに帰朝した。しかし小野妹子は隋の国書は百済において盗まれたと奏上し、そのため刑に処せられた。その煬帝の国書は、おそらく他国の例からみて天皇の入朝を求めているなど到底見せられない内容のものと想像される。しかし小野妹子が刑を受けたことが隋使に知れてはよくないというので妹子は許された。いつも気の毒な間にはさまった外交官の苦労の現れである。

しかし聖徳太子遣使の目的はもちろん仏教国家の視察だけではない。新羅問題に悩んでいた聖徳太子が遣使によってこの解決を期待したことは当然であろう。またこれまで主として百済経由で受容していた中国文化を直接受けいれることも大きな目的であろう。ともかくこの遣使によって、煬帝に少なくともわが国の存在がはっきりと意識されたことは間違いあるまい。

❖高句麗遠征の野望

六〇七年（大業三）、煬帝が啓民可汗の牙帳（大テント）へ行幸したとき、そこにはすでに高句麗の使者がきていたが、啓民可汗は隠すことなく使者を煬帝に引見させた。そのとき外国の事情によく通じていた黄門侍郎の裴矩《はいく》は、

高句麗の地はもともと中国の封国であり、漢代にその地は三（四？）郡となり、晋も遼東郡としていた。それなのにいまは臣事せず、外域となっている。このことは先帝（文帝）も気に疾《や》まれ、征服することを永く望まれていた。しかし討伐に当たった漢王諒が不肖で、功を収めることはできなかった。いま、陛下のときに当たって、どうしてこのままにして、礼節の行われるべき地帯を蛮人の手にまかされるのですか。いまおどして入朝させるべきです。さもなくば、突厥を率いて、すぐさま討伐すべきです（『隋書』裴矩伝）。

という強硬な意見を述べた。このなかに当時の隋側の考えはよく出ているが、一方、突厥と高句麗が万が一に連合したときの心配もおそらく念頭にあったろう。

さらに朝鮮三国内にも事情があった。それは百済・新羅はともに高句麗と争っていたことである。そのため、隋の文帝の高句麗遠征に際して、百済はその道案内を隋に申し出ており、新羅は高句麗と漢江下流域の支配をめぐって争い、六〇八年（大業四）、隋に高句麗に対する出

兵を依頼したこともあった。

以上のように、煬帝は文帝以来の朝鮮をその直接支配下におこうとする野望をふまえて、高句麗遠征に食指を動かした。また朝鮮内部の三国分断の複雑な情勢が出兵に名分を与えたことも見逃せない。かくして三次にわたる未曽有の大規模な高句麗遠征が敢行され、その失敗は一挙に隋朝を滅亡の淵においこむことになってしまう。

❖遠征の準備

六一一年（大業七）二月、煬帝は大運河をへて、涿郡に行幸し、高句麗征討の詔を発した。まず東萊《とうらい》（山東省掖《えき》県）で三〇〇隻の船を造らせた。監督の役人は昼夜水中に立って休憩しなかったため、腹より下にうじがわき、死者は一〇のうち三、四とある。また大々的に兵の徴集を開始し、江淮《こうわい》以南より、水兵一万人、弩《ど》（大弓）手三万人、嶺南（現在の広東省方面）から排鑹手《はいさんしゅ》（小さいほこの使い手）三万人などの特殊兵を集めた。また河南・淮南・江南から五万輛《りょう》の車を送らせ、それに衣類や甲《かぶと》、幔幕《まんまく》を載せ、兵士に自分で挽《ひ》かせた。さらに江淮以南の民夫に船で黎陽《れいよう》倉（河北省臨漳《りんしょう》県）および洛口《らくこう》倉（河南省鞏《きょう》県、洛陽の東北）の食糧を涿郡に運ばせた。その船の舳艫《じくろ》（船尾と船首）のあい接すること一〇〇〇余里、武器の輸送にあたる者は数十万人に及び、昼夜ひっきりなしに道路いっぱいになり、死者は枕をならべ、そのひどい臭いは道路にあふれ、天下は大騒動となった。

そのうえ、たまたま山東・河南で大水害がおこり、その年一〇月には黄河の底柱山《ていちゅうざん》（河南省三門峡市）が崩れてその流れがふさがれ、黄河が数十里逆流するという天災もおこった。農村の労働力が高句麗遠征の準備に大きく割かれているうえに、天災が加わって、ために穀価が暴騰し農村は荒廃した。また涿郡から北への輸送には道路が悪いため、鹿車とよぶ鹿一匹やっと載せられるくらいの小車を使用し、二人一組で六〇余万人に一車三石の穀物を運搬させた。しかしこれでは自身の食糧も十分でなく、目的地に着くと食糧は食べ尽していた。それでは罰せられるので、罪を恐れて逃亡する者が続出した。それに監督の役人の不正が加わり、民衆は困りはて、盗賊となる者も現れた。そのなかで、

「遼東に向かって無駄死にするな。」

という反戦歌が流行し、自分の手足を傷つけて「福手・福足」と呼ぶ厭戦者《えんせんしゃ》もあり、それらはいずれも盗賊の群に投じていった。

煬帝は郡県に命じてこのような賊を逮捕し、斬罪に処することにしたが、その勢いを止めることはできなかった。このような情勢のなかで、煬帝の親征を中止するよう諫言する者もあり、そのなかには煬帝に殺されかける者もあったような始末である。

❖第一次高句麗遠征

六一二年（大業八）正月、一一三万三八〇〇人を二〇〇万と号し、一二軍に分け、高句麗の首都平壌《へいじょう》（ピョンヤン）に向かって進撃を開始した。一軍ごとに、騎兵四〇隊、一隊は一〇〇人よりなり、一〇隊を一団とし、歩卒は八〇隊を四団とした。団はそれぞれ鎧冑《がいちゅう》・ひも・旗の色で区別した。輜《し》重《ちょう》兵（輸送兵）・予備隊も一軍ごとに四団に編成し、歩卒がこれを挟んで進軍した。前進・停止・休憩にも決まった号令があった。正月三日に第一軍が出発し、それから毎日一軍ずつ、四〇里（一里は約四五〇メートル）の間隔をとり、その全体は九六〇里にもなった。煬帝は近衛軍である十二衛と中央政府の三台（御史台・謁者台・司隷台）、五省（尚書・門下・内史・秘書・殿内）、九寺（太常・光禄・衛尉・宗正・太僕・大理・鴻臚《こうろ》・司農・太府各寺）を六軍に分けて十二軍のあと八〇里の長さで続いた。このような大軍の親征は未曽有のことといわれている。

三月一五日、煬帝は遼河の線まで到着し、全軍もそこに集結し、河に沿って布陣した。しかし高句麗軍の抵抗ははげしく、容易に渡河ができない。そこで決死隊が舟橋三本をかけて渡ろうとしたが、橋が一丈余足りない。そこへ高句麗軍が来襲して接近戦となり、隋軍は上陸できず、多数の戦死者を出した。そこで二日で橋をかけなおして進撃し、ようやく渡河して遼東城

平壌と大同江

を包囲した。煬帝も渡河し、天下に大赦令を下し、遼東の民に一〇年の税役免除を布告して、隋の郡・県を設置した。

五月になり、煬帝は孤軍独闘、つまり一人で功名を立てることを禁じ、攻撃軍を三軍に編成しなおし、すべて前進停止は煬帝の直接命令により、各軍の独断専行をいましめた。また煬帝は高句麗軍の降伏があれば丁寧に取り扱うよう指令してはげしく攻めたてた。高句麗軍の降伏があったので、指令により攻撃をやめて煬帝に奏上したが、これは高句麗側の時間かせぎで、このようなことが再三あっても、煬帝はさとらず、遼東城は容易に陥落しなかった。

一方、六月一日、来護児《らいごじ》の率いる水軍は浿水《はいすい》（大同江）をさかのぼって、高句麗の首都平壌を去る六〇里の地点で高句麗軍と遭遇し、四万の精鋭を選抜して進撃した。しかしこれも高句麗軍の伏兵作戦にひっかかって、帰還者数千人という大惨敗を蒙った。来護児は命からがら海に逃れた。また陸軍もようやく進撃して鴨《おう》緑江《りょくこう》（現在の中・朝国境線）の西岸に達した。このころから隋軍には食糧不足の徴候が現われてきた。高句麗軍は形勢偵察《ていさつ》のためにしばしば偽の降伏をくりかえした。しかし隋の陸軍はついに薩水《さっすい》（清川江）を渡河し、平壌を去る三〇里の地点で山中に露営した。高句麗側はまた偽って降伏し、もし隋軍が撤退するならば、高句麗王自身が煬帝の行在所《あんざい》に出頭するだろうといった。しかし隋側は、士卒の疲労でこれ以上戦えないと判断し、これを機会に引き上げることになり、七月二四日、薩水の線まで後退した。薩水を隋軍の半分程が渡ったころ、高句麗軍は隋の殿軍《しんがり》に攻撃を加えたので、隋軍は総くずれとなり、一日一夜で四五〇里（約二〇〇キロメートル）逃げて鴨緑江の線まで後退し、そこでようやく高句麗軍を撃退した。この敗戦を聞いて来護児の率いる水軍も引き上げた。

はじめ九軍三〇万五〇〇〇が遼河を渡ったが、遼東城に帰還した者は二七〇〇人という大敗であった。のち唐代になっても多数の未帰還残留者のことが問題になったほどである。

また百済は隋に高句麗遠征を懇請してきており、これが煬帝の大義名分になっていた。そこで煬帝は百済に高句麗の動静を探索させていた。しかし百済は背後で逆に高句麗に内通していた。隋軍が出動したとき、百済は一応出兵の時期をたずねてきていたのでそれを知らせた。隋軍が遼河を渡河すると、百済はその国境に軍を配置し、口では隋を助けるといいながら、実際は両方を天秤《てんびん》にかける行動をとっていた。

❖第二次高句麗遠征と楊玄感の反乱

九月一三日、煬帝は東都洛陽に帰還した。煬帝は未曽有の一〇〇万の大軍を動員した第一次高句麗遠征の失敗にこりず、翌年、ふたたび遠征を敢行した。これを諫める者は、

千鈞の弩《ど》（大弓）は小ねずみの為には射《う》たない。どうして皇帝を辱《はず》かしめてまで小敵に当たるのか。

といったが、煬帝は聞き入れず、三月四日、遼東に向かい親征の途にのぼった。このとき、遠征の矛盾の集中する山東一帯に多くの盗賊が蜂起していたことは先にも述べた。

四月二七日、煬帝は遼河を渡った。このときは驍果《ぎょうか》とよばれる志願兵を活用した。この戦いは新城（遼寧省瀋陽《しんよう》）で開始された。しかし今回も高句麗軍は頑強に抵抗し、二〇日間攻めても抜けず、双方に多数の戦死者を出した。また宇文述は水軍を率いて海路平壌に向かった。

このような情勢下の同年六月三日、楊玄感が突如として高句麗戦線のはるか後方の兵站《へいたん》基地である黎陽《れいよう》（河北省臨漳県）で挙兵した。楊玄感は煬帝擁立の最高元勲である楊素の子で、当時は礼部尚書（礼部の長官）の重職にあり、黎陽で輸送司令官の任にあたっていた。楊素は煬帝即位の前後より実権を奪われていたが、煬帝即位を不満とする弟の漢王諒の反乱には行軍元帥として討伐の大任を完遂し、のち、六〇六年（大業二）病のため死去していた。しかし当時

の知名の士にはその息のかかった者が多く、楊氏一族は隠然とした勢力があった。楊素は弘農華陰の楊氏（隋室もそうだが、これは偽りであることは先述）で、当時の支配集団である関隴集団系の人たちから見れば、文帝末年に晋王広＝煬帝と結んで急速に台頭した新興官僚と目してよいであろう。ここに、楊素が晩年にうとまれ、また楊玄感が反乱をおこした一因があろう。

楊玄感の反乱の表面の大義としては、高句麗遠征に苦しみ、そこへ水害がおこってダブルパンチを受けて困窮している人民を救済することであった。これは楊玄感の野望が主要な一原因であるにもかかわらず、一〇余万の軍衆を集めることのできた要因であろう。また、他の大義としては、高句麗遠征水軍の将の来護児が反乱をおこしたとしてそれを討伐することや、さらに制度を開皇の旧（文帝期）に復することもかかげている。

楊玄感の参謀となった一人に李密がある。李密は西魏八柱国の一人の李弼《りひつ》の曽孫で、学問もあり、はじめ隋に仕官していた。まもなく退任し、そのころ楊素にその人物を認められ、子の玄感と親交を結んでいた。李密は玄感に三策を献じた。それは⑴高句麗遠征軍の咽喉《いんこう》部の襲撃、⑵長安の占領、⑶東都洛陽の襲撃の三つである。しかし⑶はもっとも日時を要し、李密は下策と考えていたが、玄感は洛陽には当時高句麗遠征に参加している大官の家族が居住しているため最善策として、洛陽襲撃の方策を採用した。容易に黄河が南渡できなかったが、やっと渡って洛陽の近くに進撃したとき、楊玄感軍は一〇余万の軍衆に成長した。しかし武器の準備は十分でなかった。

そこで煬帝は衛玄《えいげん》（字《あざな》は文昇）に命じて、長安付近にいた四万の軍を率いさせて、玄感軍に当たらせたが、伏兵に遭い、大打撃を受けた。また六月二六日、かねて玄感に通じていた煬帝の信任の厚かった兵部侍郎（兵部の次官）の斛斯政《こくしせい》が高句麗側に逃亡するという大事件がおこった。そのため、六月二八日、さすがの煬帝も高句麗遠征軍を撤収して、玄感軍に当たらせることになった。反乱をおこしたから討伐すると玄感挙兵の名目に使われた来護児の高句麗遠征水軍も引き上げて玄感討伐にのり出した。こうして玄感の軍は、衛玄の軍と高句麗遠征より急遽《きゅうきょ》撤収した大軍に挟撃されることとなった。そこで玄感はいそいで作戦を変更して、長安に向かって進撃することとした。しかし玄感軍はまた蔡《さい》王智積（煬帝のいとこ、文帝の弟の子）の抵抗に悩まされているうちに、背後から高句麗撤収の大軍に攻められ、玄感の故郷華陰《かいん》に近い閿郷《ぶんきょう》（河南省の西北端、潼関《どうかん》の東）で敗れ、その首は洛陽でさらしものにされた。楊玄感の反乱の鎮定は八月一日で、二か月足らずでおさまった。しかしこの反乱で第二次高句麗遠征は中途半端なものに終わった。またこのころより、各地の盗賊たちは組織された反乱軍に成長し、拡大していった。

❖挫　折

煬帝は二度にわたる高句麗遠征の失敗にもこりず、その翌年（六一四、大業一〇）二月三日、第三次の高句麗遠征をいい出した。だれも答えるものがないなかで、二〇日、兵を集め、進撃を開始した。三月一四日、煬帝は高句麗遠征の基地涿郡に行った。しかし士卒の逃亡があいついだ。煬帝は四月二七日、北平（河北省盧龍）をへて、七月一七日、懐遠鎮（遼寧省朝陽付近）にいたった。しかしこのころ隋側では反乱がますます拡大し、徴集の兵も期日通りに到着しなかった。一方高句麗側も疲弊していた。このときも来護児の水軍は高句麗軍を破って平壌に迫ろうとした。そこで七月二八日、高句麗は和平を請い、逃亡中の斛斯政を護送してきた。煬帝は大いに喜び、来護児を召還しようとしたが、来護児はいまこそ進撃のチャンスと聞き入れず、高句麗王を捕虜にして帰るという。それでもなんとか来護児をおどして、やっと引き上げることになった。ついに煬帝も、八月四日、懐遠鎮から引き上げ、一〇月三日、東都洛陽に着き、二五日、長安に帰還した。煬帝はまず高句麗の使者と斛斯政のことを祖廟に報告し、さらに高句麗王の入朝をうながしたが、高句麗王はついに来朝しなかった。そこで煬帝はさらに次の討伐の計画を立てようとしたが、それはもはや行いうべくもなかった。かくして煬帝の企図は挫折し、人民に与えた大きな被害は隋朝を一路滅亡の淵に向かって驀進《ばくしん》させることになる。

Ⅳ

李世民の登場

隋末の反乱と李世民

❖群盗の蜂起

六一一年（大業七）、高句麗遠征のための大徴発が始まったころ、民衆はその過酷さにたえかね、盗賊となるものが現われたことは先に述べた。またその年七月、黄河下流の大水害も民衆をはなはだしく苦しめ、坐しながら餓死するよりはと、盗賊の群に投ずるものが多くなってきた。この傾向はとくに黄河下流域のいまの山東省北部から河北省南部に著しかった。高句麗遠征の陸軍基地は涿郡にあり、水軍の基地は東萊《とうらい》（山東省掖県）にあった。群盗の蜂起がこの二点を結び、西に正三角形を画いた内部に集中したのは、高句麗遠征の重圧がいかに民衆に重くのしかかっていたかを端的に示しているといえよう。

以上のような群盗集団成立の典型的な例が、のちに河北最大の農民軍の首領になり、唐朝成立後もそれと対抗した竇建徳《とうけんとく》に投じてきた孫安祖の場合に見られる。孫安祖は漳南《しょうなん》（山東省平原県の西）の人で、高句麗遠征初期の徴募が始まったときに兵士に選抜された。しかし家が水

黄河下流旧河道内の果樹園

害に遭い、妻子が飢えに頻していることを理由にその選を免れようとした。県令（県の長官）は怒って安祖を笞《むち》うった。そこで安祖は県令を刺殺し、竇建徳のところへ逃げこんできた。建徳はその近辺で任俠のほまれが高く、胆力のあることで親しまれていた人物である。建徳もそのとき、勇敢という評判で高句麗遠征の二〇〇人の長に選ばれていた。そこで建徳は無頼の少年数百人を集め、安祖にこれらを統率させ、高雞泊《こうけいはく》（泊は湖、梁山泊《りょうざんぱく》もこの近く）にはいって群盗とならせた。郡県官は建徳が群盗と通じているとして、建徳の家族を全部殺してしまった。そのため建徳も部下二〇〇人を率いて、清河（河北省清河）で群盗集団を構成していた蓨《じょう》（河北省景県）の人である高士達のもとに投じた。高士達は東海公と名のり、建徳を司兵に任命した。そのころ孫安祖は別の群盗である鄃《ゆ》（山東省夏津県）の人の張金称の集団と交戦して殺されてしまったので、安祖の部下は建徳の傘下にはいってきた。建徳は腰を低くして人に接し、士卒と辛苦を共にしたので、そのもとに帰投する者が多く、かれらは建徳のためなら命を捧げてもよいと思っていた。以上のような姿が初期竇建徳集団の状態である。

このような状態は当時この近傍に見られた一般的状況でもあったろう。しかし煬帝は高句麗遠征の重圧が下層社会にどのように加わっているかがわからず、ともかく群盗の逮捕を命じ、逮捕すると斬殺することしか思い浮ばなかった。これでは根絶は不可能であった。

❖内乱の拡大

六一二年（大業八）は、第一次高句麗遠征の年であるので、この年は隋全体が一応ひきしまって高句麗に対したためか、あるいは高句麗遠征の影にかくれて細かい群盗のことなど記録に残らなかったためか、群盗の蜂起について歴史の記録にはあらわれてこない。しかし群盗が根絶されたとも見えないから、記録に残らない群盗の小ぜりあいは続いていたのであろう。しかしこの年の大遠征が未曽有の一〇〇万の動員にもかかわらず大敗に終わると、その翌年からは各地に内乱のきざしが濃厚になってきた。

六一三年（大業九）正月、霊武《れいぶ》（寧夏回族自治区）の白瑜婆《はくゆば》が牧馬を掠《かす》めて、突厥と連繋してあばれ出し、奴賊《どぞく》といわれたとあるから、奴隷が多く加わっていたのであろう。またその年三月、済陰《さいいん》（山東省定陶県南）の孟海公《もうかいこう》が立ち上がっているが、かれは書物のことをひきあいに出す人を見ればたちどころに殺したとあるからインテリに対する反感の強い群盗で、数万人を擁する大集団に成長していた。このほかにも山東省北部から河北省南部の群盗多発地帯には多くの集団が成長し、その集団員の数は数万人にのぼるものも現れた。隋は天下統一以来すでに二〇余年、太平に馴れ、これらに打つべき手がわからなかったが、まだこのころは張須陀《ちょうすだ》のような勇将が一部にはあって、これらの群盗の討伐にのり出してはいた。しかしこの年六月に楊玄感の反乱がおこると、七月、はるか南方の余杭《よこう》（浙江省杭州）の民の劉元進が玄感に呼応して立ち上がった。この挙兵には前年の第一次高句麗遠征で未帰還の者が多いため、このままでは自滅のほかないといって加わるものが多く、たちまち数万の軍に成長した。また八月には、長江デルタ地帯で朱燮《しゅしょう》と管崇が立ち上がった。朱燮はもと道士（道教の僧侶）で、経史に通じ、兵法にも長じ、崑山《こんざん》県博士の地位からその学生数十人と挙兵した。これには徴発に苦しむ民衆が呼応した。また管崇は、身長大きく、容姿美しく、そのうえりっぱな人物であったにもかかわらず隠居していた。それを群盗がその長にかつぎ出してきたのである。煬帝はこれらに討伐を加えたが、逆にうち破られ、その武器を奪われて、群盗は一〇万もの集団に成長してしまった。劉元進は長江を北に渡って進撃したとき、楊玄感の敗報を聞いた。朱燮と管崇は劉元進の軍に加入し、元進は天子と称し、燮と崇はその尚書僕射となり、百官を設置した。その方面の豪傑は郡県の長官を捕えてこれに呼応した。煬帝はこれらを討伐した。それでも農民のこれらに従う者が絶えず、敗れてもまた集まり、賊勢は大きくなるばかりであった。そこで煬帝は王世充（後に洛陽に拠る大軍に成長、後述）に淮南の兵数万人を率いて進撃させ、元進と燮を敗死させた。世充は降伏者は殺さないといったので、逃げて海賊になっていた者も帰投してきた。しかし世充は約束を破って、三万人を生き埋めにしたので、残党はふたたび群盗となり、隋はもう討伐できず滅亡時にまで及んだ。

この年九月から、各地で賊が蜂起した。そのなかには宋子賢のように、みずから「弥勒《みろく》出世」と称して信者を集め、無遮大会（賢聖道俗貴賤上下の別なく平等に財法二施を行う法会）に挙兵して煬帝を襲撃しようとする計画があったが、事前に露見し、一〇〇〇余家の者が殺された。また向《しょう》海明という僧侶も弥勒出世と称して信者を集め、数万で挙兵し、皇帝と称し、白鳥という年号も建てた。

そこで煬帝は盗賊の家を没収することを命じた。しかし群盗は天下に充満し、郡県官はこの命令を悪用して生殺与奪の権を握ってしまう有様であった。このようにして、内乱はますます拡大していった。

❖群雄割拠の形勢

内乱拡大の傾向は、六一三、六一四、六一五、六一六年（大業九〜一二）と高まり、内乱集団の数も何十から何百へと増加していった。しかしそれらはなお掠奪破壊を目的とした、生活に困窮したり弥勒菩薩の下生《げしょう》によって救済を望む人たちの集団であった。ときには王とか公とか天子とか皇帝を自称するものはあったが、新しい理念のもとに人民を救済して煬帝ないしは隋朝を打倒する政権の構想は見られず、せいぜい「開皇の旧」（文帝の治世）に復することをかかげるくらいであった。しかし六一六年から翌年にかけてそれらの無数の内乱集団は統合されて、少数の群雄割拠の形勢となってきた。この間の形勢推移の一つのパターンを楊玄感の反乱の参謀であり、やがて群雄割拠中の最大の集団にも発展した李密の動向によって眺めてみたい。

弥勒菩薩半迦像　広隆寺蔵

　李密は楊玄感の反乱敗北ののち、親戚・知人を頼って逃走生活をつづけたが、その前途は容易でなく、当時反乱の参謀をかばう空気はなかった。李密はついに隣人の告発を受けて逮捕され、煬帝のもとへ護送されることになった。しかし途中で役人に賄賂《わいろ》を渡してやっと逃走した。そして平原（山東省陵県）の賊帥の郝孝徳《かくこうとく》のもとにいたった。李密は、孝徳に、自分の策略を採用してもらえば、黄河以北の大領土を手に入れることができるでしょう、といったが、孝徳にはそのような大望はなく、かえって李密の来ていることを迷惑がる風が見えた。そこで李密は孝徳のもとを去って、他の大賊帥の王薄のもとへ行くが、ここでも好遇はされなかった。ついに李密は生活に困り、姓名を変えて村塾の教師になった。しかしここでも県からつけねらわれるようになり、ふたたび逃亡をつづけた。もはや親戚もかくまってくれず、遊俠の王秀才を頼った。王秀才はその娘を李密の妻とすることまでして好遇してくれたが、王秀才の一族の者が李密を告発し、ついに役人が逮捕にきたが、たまたま外出中で李密は助かった。しかし王秀才はそのため死刑となった。以上が六一六年（大業一二）一〇月まで三年余りの李密の逃走生活のあらましである。

それから李密は群盗中の最強と見られた瓦岡《がこう》（河南省滑県）の翟譲《てきじょう》を訪ねた。翟譲はかつて郡の法曹参軍（法務課長）を勤めた隋官の経験もある人で、ある事件で死刑となるところを逃れて瓦岡で群盗となっていた。そこには徐世勣《じょせいせき》（後の唐の将軍李勣）も従っていた。李密は翟譲に、いまこそ隋を滅ぼす時機であると大義を説いたが、翟譲はその言葉をほめるだけで従うつもりはなかった。そこで李密はまず滎陽《けいよう》（河南省）を取る作戦を述べた。当時滎陽には隋側で群盗討伐に名をはせていた張須陀の軍があり、李密はまずそれを破った。李密は軍規厳粛で、倹約を旨とする群盗を脱皮した民衆の要望にかなった集団の形成につとめた。また翟譲に、隋の洛口倉（河南省鞏県）を襲撃して、その穀物を押収し、これを民衆に分かち与えて大軍団を形成することを進言した。翟譲はそこでついに瓦岡軍の主導権を李密に譲った。李密は洛口倉を占拠し（六一七年、大業一三年二月）、倉庫を開放して民衆に穀物を取るにまかせた。するとその策が図に当たり、李密の軍はたちまち数十万の軍団に成長した。煬帝はあわてて、越王侗《えつおうとう》（煬帝の孫）に二万五〇〇〇の兵を与えて討伐させたが、李密に破られた。かくして隋末群雄中最大の李密集団が形成された。

　李密集団の形成と似た事情は各地に発生していたようである。かくして歴陽《れきよう》（安徽省和県）の杜伏威《とふくい》、楽寿（河北省献県）の竇建徳、洛陽の王世充、朔方（陝西省横山）の梁師都《りょうしと》、金城（甘粛省蘭州）の薛挙《せっきょ》、馬邑（山西省朔県）の劉武周《りゅうぶしゅう》、楡林（内蒙古自治区托克托）の郭子和《かくしわ》、武《ぶ》威《い》（甘粛省武威）の李軌《りき》、漁陽（河北省薊《けい》県）の高開道、任城（山東省済寧）の徐円朗《じょえんろう》、巴陵《はりょう》（湖南省岳陽）の蕭銑《しょうせん》などの群雄割拠の形勢がつくられた。そしてこれらの集団は、初期の群盗と異なって、その首領に隋の文武官、とくに武官が多いことが一つの特色である。

❖李淵の挙兵

　本書の主題のひとり李世民の父で唐を興した李淵《りえん》は五六六年（北周武帝の天和元）の生まれ

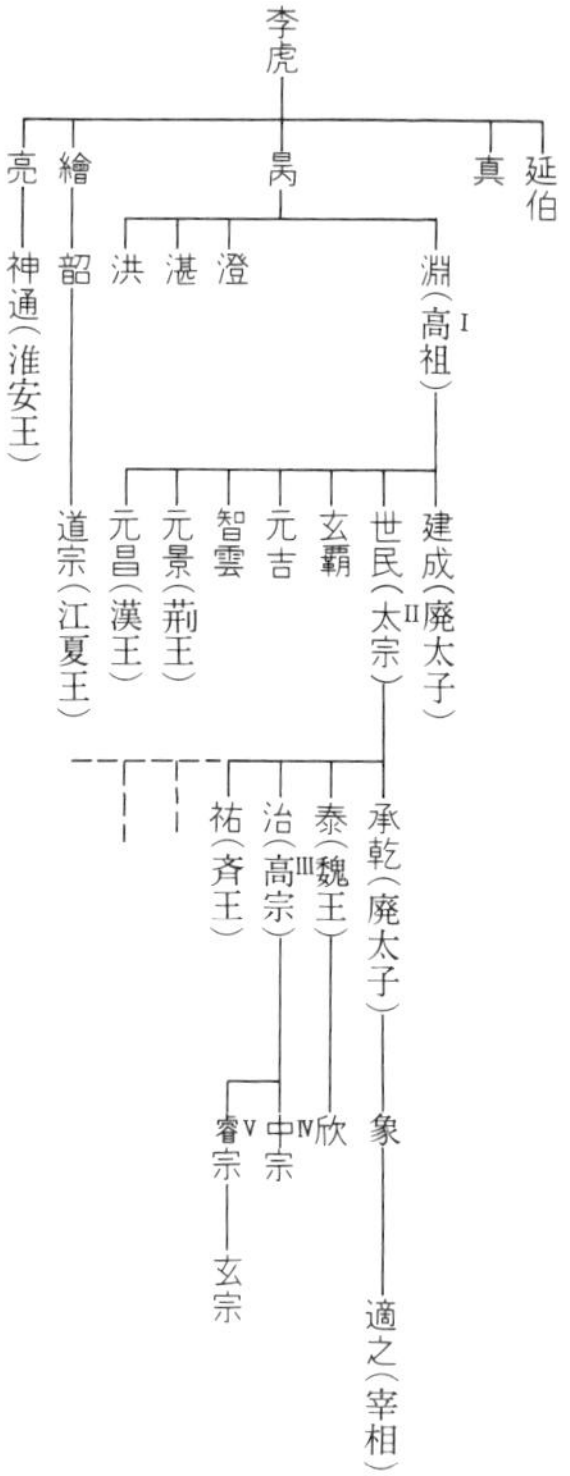

唐室李氏系図

であるから、煬帝より三歳年長である。祖父は西魏八柱国の李虎である。その祖先は西涼（五胡十六国の一つ）の武昭王李暠《こう》となっているが、系図に偽りのあることは隋室楊氏と同様で、陳寅恪に詳しい研究がある（『唐代政治史述論稿』）。父は李昞《りへい》、その妻は煬帝の母の独孤皇后と姉妹である。したがって李淵と煬帝は母方のいとこである。李淵の妻は竇氏、その母は宇文泰の娘の襄陽《じょうよう》公主である。したがって李淵は父の方からも母の方からも開隴集団に連なり、その申し子といってよい。七歳のとき、父昞の北周の唐国公を襲爵した。これが唐の名の起こりである。

李淵は隋の創業とともに、千牛備身《せんぎゅうびしん》（正六品）に就任した。皇帝のボディガードの役である。ときに一六歳、先に述べたような血縁関係よりの起用であろう。ついで州（郡）の長官などを歴任して、六一三年（大業九）にいたった。この年、高句麗遠征中に楊玄感の反乱がおこったことは既に述べた。このとき、李淵はすでに四八歳、衛尉少卿《えいいしょうけい》（衛尉寺の次官、正四品）の官のまま、懐遠鎮（遼寧省朝陽付近）で楊玄感と同様に、督運の任に当たっていた。楊玄感の反乱がおこったとき、斛斯政《こくしせい》が高句麗に逃亡した。斛斯政の親戚の元弘嗣《げんこうし》はそのとき弘化（甘粛省慶陽県）留守《りゅうしゅ》の大任にあって、関右十二郡の兵権を握っていた。李淵はこの非常時に際して、元弘嗣に代わって弘化留守となった。留守は非常の際に一部の地方に限定して帝権を委任される臨時の重職である。六一五年（大業一一）四月、太原道安撫大使として太原（山西省）に駐在することになり、翌年一二月には太原留守となった。ときに五一歳である。

李淵は太原留守に在任中、太原にあった晋陽県の県長の劉文静《りゅうぶんせい》や、晋陽宮という隋の離宮の副監の裴寂《はいせき》と結び、太原留守の地位を十二分に利用して、その輩下の文武官とともに立ち上がった。劉文静・裴寂は唐朝創業の最高元勲になる。この点において、群盗や農民反乱を背景に立ち上がった李淵集団以外の群雄とは事情がかなり異なっている。群雄中にも隋の文武官出身者はいるが、地方長官級の者は他にいない。

李淵が独自で軍をおこして立ち上がった原因は、一つには群雄劉武周討伐の失敗があり、もう一つは晋陽宮宴会事件である。これは、ある夜のこと李淵が晋陽宮で宮女を侍らせて宴会を開いた事件である。この宮女たちは、皇帝が晋陽宮に行幸した際に奉仕することになっており、これが皇帝に知れると罪になる。実はこれによって李淵を煬帝に告発するぞとおどし、挙兵させるために世民らがしくんだわなであった。このわなにはまり、一つは劉武周討伐失敗の責任問題から、いわゆる太原起義《きぎ》にしぶしぶ立ち上がらされることになった。六一七年（大業一三）六月のことである。李淵は独自に大将軍府を立て、その年七月、太原を進発して長安に向かい、一一月、長安に入城し、当時長安にいた煬帝の孫の代王侑《だいおうゆう》を立てて隋の恭帝とし、煬帝を太上皇とした。しかしこれは煬帝の関知するところではない。

❖李世民の役割

李世民は李淵の次男として、五九八年（開皇一八）一二月二二日に生まれた（『旧唐書』本紀による）。母は前述の竇氏、宇文泰の孫娘である。同母兄に建成《けんせい》、同母弟に元吉《げんきち》がある。四歳のとき（一説に生まれて三日目）、一書生が世民を見て、

龍鳳の姿、天日の表《かおつき》、年まさに二〇、かならず世を済《すく》い民を安んぜん。

といったので、世民と名づけたとある。この世民は諱《いみな》（正式の名前）であり、子供のときは小字という別のよび名があるのが普通であるが、それはわからない。

世民は八歳のころは病弱であったため、父が大海寺に治癒《ちゆ》全快を祈り、また九歳のときにも、病気平癒を祈ったことが碑文によってわかる。

六一五年（大業一一）、一八歳のとき、名が世に現れた。この年に、煬帝は北巡して、雁門（山西省代県）で突厥の始畢可汗に囲まれ、命からがら脱出したことは先に述べた。そのとき、李世民は一策を左屯衛大将軍の雲定興に献じた。雲定興はその娘が廃太子勇の寵妃であったことは先に述べた（のち雲定興は煬帝即位後、ご機嫌とりのため太子勇の子をことごとく殺した）。そ

の世民の策とは、旗鼓によって偽兵を設けることであった。そのときの隋軍は突厥軍よりはるかに少なかったので、偽兵で大軍が来たように見せかけようというのであった。この作戦が図に当たり、始畢可汗は撤退したという。後年の軍略家としての片鱗をこのときはじめて見せたといえよう。さらにその翌年、高陽（山西省晋城県）の賊帥で歴山飛《れきざんひ》とよばれるものがあった。それが太原に進攻し、李淵は包囲されてしまった。世民は包囲を突破して弓を射かけて父を救出した。世民は後年において文化的にも高い教養のレベルを示すが、一〇代の逸話は軍人としてすぐれていたことを示すものばかりである。

六一七年（大業一三）、二〇歳となり、予言によれば「済世安民」の年である。その年七月五日、父李淵は、太原において、大将軍府を組織し、長安へ進撃した。李世民に関する各史料（『旧唐書』『新唐書』『冊府元亀』など）は、この太原起義（中国では挙兵もしくは反乱、農民一揆のことを起義という）を李世民一人の功績のように書いている。『資治通鑑』の編者である北宋の司馬光はこの点に疑いを向けているのはさすがである。もちろん李世民がそれに大きな功績のあったことは否定できない。しかしすべて世民一人の手柄のようにいうのは問題である。その原因は、序章でも述べたように、現存の史料が、世民が皇帝在世中に編纂した李淵についての『高祖実録』や、世民についての『太宗実録』や、また世民の死後約六〇年間経過して李世民がすでに理想化されたときに編集された『貞観政要』に基づくためであろう。しかしいまはこれらを否定する史料をほとんど欠いているため、現存の史料中の李世民の明君の面のみの誇張を若干割り引きしながら述べていくほかない。

❖李淵軍の構成

太原における李世民の挙兵の準備はその傘下に人材を招くことから始まる。そのとき、世民は絹の行商人、ばくち打ち、里の門番、奴隷などでも一技一能にすぐれていれば採用したという『大唐創業起居注』巻一を引用して、中国の新進の学者たちは従来の政権は世族地主集団を背景としたのに対して、世民は新興地主集団を背景としたといっている。この史料からこの結論を出すのは飛躍の感をまぬがれない。もちろん、父李淵の太原留守の地位利用のほかには自立的背景を持たない世民としては、このような身分にとらわれない人材の抜擢は必要であったろう。しかしこれをその力の源泉と見てしまってよいかは問題と思う。これはこのような集団にはありがちなこととも見られるのである。

劉文静・裴寂と世民との結びつきは次のようである。はじめ晋陽県長の劉文静が李淵に大望ありと見こんでのり出したとき、むしろ世民の人物に着目したことになっている。晋陽宮副監の裴寂はこの野望には関心を示さなかった。そこで世民は裴寂がばくち好きなのを知って、インチキばくちで裴寂に勝たせ、裴寂が気をよくしているときに、大望をうちあけて賛成させた。

しかしときに五二歳の李淵は、大望はいだいてもなかなかふんぎりがつかない。そこで一計を案じたのが、先にも述べた晋陽宮宴会事件である。李淵が色好みなのを利用してしかけた。しかしはじめ李淵は「世民を捕えて官に送るぞ。」といっていたが、「愛児を告発するのはしのびない。」といって世民を許した。いずれも大事をおこす動機としてはうなずけないが、一面ではこのようなことも何程かは作用していたかもしれない。またこれも先に述べたように、李淵は武功が思うように挙がらず、煬帝が怒って李淵を逮捕するといううわさが伝わり、ついに李淵は旗上げに同意の決断をした。なお世民とは直接に関係はないが、李淵集団形成に際して、高句麗遠征からの逃亡者が重要メンバーとして幹部級に参加していたことは注目しておく必要がある。

李淵はついに六一七年（大業一三）六月一四日、大将軍府を組織し、世民の兄の建成は左領軍大都督となって左三軍を率い、世民は右領軍大都督として右三軍を率い、弟の元吉は留守部隊を率いて太原に残留した。裴寂は大将軍府長史、劉文静は大将軍府司馬となった。七月五日に太原を進発し、三万の軍を率いて、長安に向かった。

七月八日、李淵軍は隋軍と遭遇し、苦戦となった。このとき長雨に逢い、食糧も欠乏してきた。李淵と裴寂は困りはて、いちど太原にひき返して再挙をはかろうとした。しかし世民は「一たびひき返して太原の守備に当たれば、従ってきた人たちもばらばらになり、わずか太原

太原晋祠

一城の地で賊となり果てるだけです。」と主張したが、李淵は聞かず、太原に帰還を命じた。世民は大声で泣いて諫止し、ついに李淵は世民の意見に従い、進撃を続けることとなった。これは実に唐朝創業の成否を決した瞬間で、世民の判断は正しかった。そしてこの成功は世民一人の功業のように一般の史料はなっている。しかし司馬光は実はこれには兄の建成も同意見であった史料を明示して、世民ひとりの策ではないことを見抜いている。

八月にはどんどん進撃し、突厥との同盟も成立し、兵五〇〇人、馬二〇〇〇匹の援助があった。しかしこの裏には、李淵が長安にはいったとき、民衆と土地は李淵に属するが、金玉繒帛《ぞうはく》は突厥のものとする密約があった。

九月一二日、ついに黄河を渡り、快進撃を続け、一一月九日に長安を占領した。太原進発のとき三万であった軍は二〇万となっていた。この軍団の上級指揮者はだいたい太原近傍の隋のかつての文武官で、ほかに若干の高句麗遠征からの逃亡者も加わっていた。兵員も李淵が煬帝の命と偽って徴集した隋の正規軍が主体を構成した。また一族の参加としてはまず、李神通が加わっている。神通は李淵の祖父李虎の孫に当たる（その墓が一九七三年、陝西省三原県陵前人民公社焦村生産隊において発掘された。長さ四四・四メートル、幅二・三メートルにおよぶ壮大なもので、墓道・墓室にはすべて壁画があり、器物三〇〇余点もあった。壁画には、「舞楽図」「耕地図」「狩猟図」「出行図」と多彩で、当時の生活状況をしのぶことができる。同時に出土した墓誌銘により神通は字で、諱は寿ということも判明し、この墓は「唐李寿墓」の名で、『文物』一九七四年九期に紹介されている）。そのほか世民のきょうだいでのちの平陽公主は女ながら娘子軍《じょうしぐん》を編制して加わり、その夫の柴紹《さいしょう》も参加しているが、世民の兄弟以外はこれだけである。以上のような起義の経過から見て李淵集団は他の群雄集団とは構成がかなり異なり、豪族集団的要素もあまりない。

李淵はこの年（六一七）、一一月一五日、長安において、煬帝の孫の代王侑《ゆう》（当時一三歳）を擁立して隋の恭帝とし、年号を義寧とした。煬帝はそのとき南方の江都にいたが、李淵は勝手に煬帝を太上皇とした。李淵は恭帝より仮黄鉞《かおうえつ》・使持節・大都督内外諸軍事・尚書令・大丞相・唐王に任ぜられ、丞相府を開いた。楊堅がかつて北周を簒奪《さんだつ》した直前と同様の処置であり、唐朝創業の準備は完了した。建成は唐国世子に、世民は京兆尹（首都圏長官）秦公、元吉は斉公となった。

煬帝の最期と唐の成立

❖江都の煬帝

六一六年(大業一二)七月、天下は麻のごとく乱れ、盗賊群雄が各地に蜂起しているなかで、高句麗遠征の失敗に絶望していた煬帝は諸臣の止めるのも聞かず、新造の龍舟に乗って、大運河を通り、風光明媚な江都(江蘇省揚州)に行幸した。煬帝は「我れ江都の好《よ》きを夢にみる、征遼もまた偶然。……」という詩を従行しない宮女に賜った。東都洛陽は孫の越王侗《えつおうとう》にまかせた。皇太子昭はすでに六〇六年(大業二)に死去していた。このころ一九〇郡(煬帝は六〇七年に州を郡とした)のうち、二〇余郡からは毎年正月に来朝する朝集使もこなくなっていた。煬帝はこのような天下の状況下にデカダンスになったのであろう。また臣下は煬帝に当時の実情を伝えていなかったともいう。

江都に行幸した煬帝は、夏の桀王や殷の紂王をしのばせる生活ぶりを示している。宮中に一〇〇余の室をしつらえ、ベッドなど調度品を豪華にし、一室に一人の美人を置き、一日に一室ずつ順番にまわっていった。またいつも宴会の準備をさせておき、蕭《しょう》皇后や寵妃とたえず酒盛りをし、終日酒盃《さかづき》を口から離さず、従う女官一〇〇〇余人にもいつも酒がまわっていた。しかし煬帝は天下の争乱に対して内心は深く悩んでいたようである。そのころ好んで江南の方言を使っていた煬帝は蕭皇后に次のようにいった。

外部では儂《わし》（南方方言の一人称）にけしからんことをくわだてるものがあるが、儂は陳の後主くらいにはなれるし、卿《なんじ》も沈皇后にはなれよう。楽しく飲もうではないか。

といって、酔いつぶれてしまった。かつてみずから総司令官として滅ぼして長安に拉致《らっち》した陳の後主に自分をなぞらえるにいたってはいうべき言葉もない。またあるときふと鏡を見ながら皇后に、

「わしのこの首、誰が斬るのかな。」

といった。皇后が驚いて理由をたずねると、

「貴賤苦楽はかわるがわるくるもの。こんなことにくよくよしていては。」

ともいい出す始末であった。またこんな時期に陳の旧都建康に遷都計画をいい出した。煬帝晩年の旧南朝心酔はここにきわまった。

❖煬帝の末路

六一八年三月となった。このころ江都では食糧も欠乏してきた。また、煬帝を護衛してきた志願兵たちは、長安付近の出身者が多く、煬帝がいつ帰還するかもわからず、故郷恋しく逃亡をくわだてだした。煬帝は逃走者を斬殺させたが、それでもこの傾向は阻止できなかった。そのうえ江都にある大官たちも北に残してきた家族のことが心配で、公然と逃走をいい出す始末となった。

そのころ煬帝に信任されていた人に宇文化及・宇文智及・宇文士及の三兄弟があった。父は宇文述で、煬帝擁立に大功があり、高句麗遠征にも一道の司令官として重要ポストについていた。宇文化及が煬帝殺害の首謀者となるのであるが、そこにいたる経過については、宇文士及がのち唐朝の宰相になったため、現存の史料には士及の悪事がかくされているのではっきりわからない。士及はまた煬帝の娘である南陽公主のむこでもあった。

煬帝に不満な連中は宇文化及をかつぎあげておいて次のようなデマを飛ばした。

陛下は護衛兵の謀反を聞いて、たくさん毒酒を醞《かも》し、宴会にかこつけ皆殺しをはかり、南人だけとここに留まるつもりらしい。

と。三月一一日、ついに宇文化及は城門にやってきた。化及はもともと臆病で、ぶるぶる震えていてものもいえない。化及は朝堂にはいり、煬帝の出御を請い、部下の乗ってきた馬に乗せようとすると、煬帝は鞍を新しいのにとりかえさせて、朝堂にはいった。みなわっと喊《かん》声をあげた。化及は大声で、

なんの用でこんな奴が出てきたのか。早く殺してしまえ。

と叫んだ。煬帝はあたりのものものしい有様を見て、寝殿にひき返した。しかし白刃を抜いてついてくる。そこで煬帝は、

わたしはどういう罪でこんなめにあうのか。

というと、一人が、

陛下は祖先のお祭りさえしないで、巡幸ばかりしており、外は征討ばかり一生けんめいで、内はぜいたくの限りをつくしている。壮丁は矢刃に死なせ、女子供も野たれ死にをし、四民は失業し、盗賊は蜂起しています。それなのに佞臣《ねいしん》だけを信用し、自分の非を飾りたて、諫言《かんげん》をこばんでいる。どうして罪がないなどというか。

というと、煬帝は、

わたしは万民にはすまないと思っている。しかしお前たちは高い官位と俸禄《ほうろく》をもらっていて、どうしてこのようなことができるのか。この首謀者はいったい誰か。

というと、

みなが怨《うら》んでいて、首謀者は一人ではありません。

といい、そこで化及は煬帝の罪状を数えあげさせた。そのとき、煬帝の愛児で一二歳の趙王杲《ちょうおうこう》がかたわらで泣き出してやめない。そのため杲は殺され、その血しぶきが煬帝の服までとんだ。ついに煬帝を殺しにかかってきた。煬帝は「天子には天子の死に方がある。刀ではいかん。毒酒を持ってきてくれ。」といったが許されず、坐らせられた。煬帝は絹の布地をさいて首をしばらせた。蕭皇后は漆《うるし》の塗《ぬ》ってあるベッドの板で小棺をつくって、煬帝と趙王杲をいっしょにほうむった。煬帝に従っていたその子の蜀王秀とその七人の息子、斉王暕《せいおうらん》とその二人の息子、孫の燕王倓《たん》は殺された。ただ秦王浩《こう》（秦王俊の子、文帝の孫）だけは宇文智及と往来していたという理由でしばらく助けられた。

宇文化及は大丞相と自称して政治をとり、蕭皇后に秦王浩を帝に立てさせ、別室で皇帝のサインだけさせ、監視兵をつけておいた。宇文智及を左僕射、宇文士及を内史令にし、宇文氏一族で大官を独占する形にした。

❖李淵、唐を開く

煬帝死去の報が長安にもたらされた。それを聞いた李淵はその年（六一八）五月一四日、かねて擁立していた恭帝（煬帝の孫の代王侑）から位を譲られた形式をとって、唐を開き、年号を武徳と定めた。李淵は廟号により高祖《こうそ》という。一方洛陽では、五月二四日に、越王侗（代王侑と兄弟）を奉じて帝位につかせ、年号を皇泰と改めた。王世充が実権を握っていた。

五月二七日、早くも突厥の始畢可汗が使を派遣してきた。このころ突厥に逃亡している中国人も多く、李淵＝唐の高祖も突厥の援助を受けていたので、最大級のもてなしをした。そのため突厥はいばりちらし、長安で乱暴狼藉《ろうぜき》をきわめたが、高祖は我慢していた。二八日、裴寂・劉文静らに律令の修定を命じた。

六月一日、諸官の発令を行い、李世民は尚書令（尚書省の長官）に、裴寂は右僕射《ぼくや》（尚書省の次官）に、劉文静は納言《のうげん》（門下省の長官）に、陳叔達（陳の宣帝の子、後主と兄弟）と、名門博陵崔氏出身の崔《さい》民幹とは黄門侍郎（門下省の次官）に、後梁《こうりょう》明帝の子で、煬帝の蕭皇后とはきょうだいの蕭瑀は内史令（中書省の長官）に、西魏八柱国で高祖の母のきょうだいに当たる独孤信の子の独孤懐恩は工部尚書になった。太原元従と、関隴集団の出身者に、漢人名門と南朝系の人々を加えているのが注目される。高祖はとくに裴寂を厚遇して政務はこれにまかせ、それに隋政の経験のある蕭瑀に頼った。また煬帝のときに施行されていた大業律令を廃止して、文帝のときの開皇律令を復活し、五三条の格を公布して、当面の修正を行った。

しかし当時は、長安を取り巻いて多くの群雄が割拠しており、その意味ではなおこのころは唐も一地方政権であって、統一王朝成立への道は遠かった。金城（甘粛省蘭州）では薛挙が三〇万の兵を擁して長安をうかがった。しかし薛挙は唐朝創業の年八月に死去し、子の薛仁杲《せつじんこう》が代わった。劉武周は馬邑（山西省朔県）に拠って、突厥とも結んで定楊可汗《ていようかかん》と称し、唐室発祥の地の太原をうかがった。また李軌《りき》も武威（甘粛省）に拠って涼帝を称していた。

❖武徳年間の李世民

唐創業の年（六一八、武徳元）七月、金城の薛挙が高墌城《こうせきじょう》（甘粛省寧県）に迫った。世民は持久戦にでて、壕を掘り塁を高くして容易に決戦をいどまなかった。世民はそのとき病気にかかり、劉文静に指揮をまかせた。薛挙は伏兵で背後から襲いかかり、世民軍は九日に大敗を喫し、戦死者はなかばにも達した。世民は長安に引き上げ、高墌城は奪われた。この敗戦の責任で劉文静は免官どころか復職の資格も奪われた。八月に、薛挙はふたたび進攻してきたが、八月九日に死に、子の仁杲（仁果とも書く）が継いだ。世民はふたたび高墌に進軍し、持久戦にでた。仁杲の軍があせって戦いをいどみかけたところを、世民は大挙出撃して破った。ついに一一月八日、仁杲は降伏し、世民はその精兵万余人と男女五万口を獲得して凱旋した。

李密は洛口倉の穀物を民衆に与えて数十万の大軍を擁していたが、旧主の翟譲を殺してからはおごりの心が生じ、内部にも古くから従属していた人と新しく加わってきた人の間に内紛が生じてきた。また北上してきた宇文化及の軍を一応撃退はしたものの、その被害も多かった。

これに乗じて洛陽の王世充ははげしく李密を攻めた。世充は李密に似た一人の男を縛って、「李密を捕虜にした。」とデマをとばした。これにかかって李密の軍は総崩れとなってしまった。そのとき李密はかつて李淵が長安に進撃中に往復した書簡を思い出した。これは李淵が李密の天下統一を望み、その下で唐王に封ぜられれば満足するという内容であった。そこで李密は長安に向かい、一〇月一〇日に到着した。このとき李密に従っていた徐世勣（のちの李勣）・魏徴も唐に降った。しかし唐側の李密に対する態度はきわめて冷淡であった。ちょうど李世民が薛仁杲を破って凱旋したとき、李密は途中まで出迎え、世民を初めて見て、「真の英主である。このようでなければ禍乱《からん》は定められない。」といったという。この年の一二月李密は唐にそむいて殺された。

六一九年（武徳二）閏二月、宇文化及は聊城《りょうじょう》（山東省歴城県）で竇建徳軍と戦って敗れ、化及は生けどられ、宇文智及らも斬られた。建徳は煬帝の蕭皇后と伝国の璽を獲得した。

この年、劉武周はしきりに唐室発祥の地の并州《へい》（山西省太原）をうかがった。九月、ここを守る世民の弟の斉王元吉は、夜出撃すると見せかけて、その妻妾をつれて、長安に逃げ帰り、并州は陥落した。翌年四月、世民はその将の宋金剛を破って、并州に進攻し、劉武周は突厥に逃れた。世民は長安に引き上げる途中に虐殺を行ったが、普通の史料は高祖の命令としていることを司馬光は鋭く洞察している。

同年（六二〇、武徳三）七月、世民は諸軍を督して、唐朝最大の敵である洛陽の王世充とついに雌雄《しゆう》を決することになった。この戦いは苦戦で、世民が軍営に帰ってきても、顔がほこりで汚れて識別できず、帰営を拒まれ、甲冑をぬぎ、ものをいってはじめてはいることができたという。この年に王世充と河北の竇建徳との間には同盟して唐に当たる協定が成立し、翌年三月、三〇万と号する大軍となった。しかし世民は洛陽の東、黄河の南の虎牢《ころう》でまず建徳の軍を破って捕虜にし、それを王世充に示すと世充も降伏し、唐朝は最大の敵に勝つことができた。その絶大な功績をたたえるために、世民は天策上将に任ぜられ、天策上将府が開かれた。

六二一年（武徳四）末より、世民は竇建徳の残衆を糾合して立ち上がった劉黒闥《こくたつ》を討った。翌年三月、世民は六〇余日対陣ののちこれを破り、黒闥は突厥に逃亡し、山東は一応平定された。しかし黒闥は突厥と結んで再び侵入してきた。太子建成と斉王元吉がこれを破った。

六二三年（武徳六）には、突厥の頡利《けつり》可汗が朔州（山西省朔県）に進攻してきたのを、太子建成とともに防御し、翌年、一応和睦して引き上げた。

以上のように、武徳年間の世民は、東奔西走、唐朝の強敵に対抗し、よく武功を挙げた。

❖天策上将と十八学士

唐朝創業のとき、世民は尚書令に任ぜられたことは先に述べた。しかしこの官の実務は次官である左右僕射が執行し、形式的な最高官の加官であった。また世民以後、この官は即闕《そくけつ》の官として唐一代任命された者はない。しかしこれは隋代でも楊素が任命されたあと置かれなかった。

ついで世民は創業の年の六月七日に、趙《ちょう》国公より秦王に進封され、王府が開かれ、多くの官属を持った。このほかに、雍州牧《ようしゅうぼく》（首都圏長官）、左右武候大将軍（衛士を統率する十二衛の長官）、上柱国（勲官の最高官）、三公の一である太尉・司徒、中央政府の出張所である行台尚書令など最高官職を歴任している。また王世充・竇建徳平定後、天策上将という世民のために設けられた特別官制のことも先に述べた。「天策」とは、殷代の賢相傅説《ふえつ》になぞらえた傅説星ともいわれる星の名である。天策上将府には多数の官属が置かれ、杜如晦《とじょかい》以下、世民のブレインが任命されている。

世民はあるとき、洛陽苑で猛獣狩りをした。そのとき、多くの豚が林のなかから突進してきた。世民は弓を四発射て四匹たおし、また雄豚が突進してくるのを剣を抜いて断《き》り、

「天策上将が賊を撃つのを見なかったか。」

と叫んだという話が伝わっている。天策上将に任ぜられたことはかなり得意であったようだ。

世民は、王世充・竇建徳平定後、天策上将に任命される以前に、宮城の西に文学館を開き、そこに十八学士を置いて、三組に分けて、六人ずつ当直させ、世民の顧問役を勤めさせた。世

房玄齢画像

民の知恵は顧問役から出たといってよい。その十八学士について簡単に述べておこう。

杜如晦は曽祖父以来、北周の地方官を歴任した家に生まれ、如晦も隋では県尉（県令の補佐官）となったが、退官し、唐朝創業後、世民に抜擢され、武徳中は世民につき従って、たえずその下僚となっていた。

房玄齢《ほうげんれい》は、世民の即位後、杜如晦と並んで「房杜」とよばれる名宰相となった。玄齢の父は隋では県令であった。玄齢は隋のとき一八歳で進士となった秀才で、官は県尉であった。唐朝創業のとき、如晦とともに世民に抜擢され、世民の下僚を歴任した。

于《う》志寧《しねい》は、西魏の八柱国であった于謹《うきん》の曽孫に当たり、父は隋の内史舎人、志寧は隋では県令になったが、隋末には退官していた。唐朝創業とともに、世民のもとにきて、その下僚を歴任した。

蘇世長《そせいちょう》、父は北周の州刺史であった。世長は北周の武帝にすでに上書したことがあった。隋では、長安令・都水少監を歴任し、煬帝の没後、王世充に仕え、王世充が滅ぼされてから唐に仕え、天策上将府・秦王府の官属となった。

薛収《せっしゅう》は、隋の大官薛道衡《せつどうこう》の子で、収は大業末に秀才に挙げられたが仕官せず、房玄齢の推薦で世民に仕え、世民の軍中の文章は彼の起草によった。

褚亮《ちょりょう》、父は南朝陳の秘書監、亮も陳に仕え、のち隋に仕えて、東宮学士となった。楊玄感の反乱後に左遷された。隋末には、群雄の薛挙《せっきょ》に仕え、その滅亡後、世民に仕え、名高い十八学士図像の賛《さん》はその筆に成る。

姚思廉《ようしれん》、父は陳の吏部尚書、のち隋の秘書丞になった学者である。思廉は史書に明るく、隋末に長安にいた代王侑（恭帝）の侍読を勤め、李淵が長安に攻め入ったとき、その態度の立派さに李淵は感嘆した。唐朝創業後、世民に仕え、世民即位後は、『梁書』『陳書』と南朝の正史の編集に当たった。

以上のほかに、南朝系の学者で、『経典釈文《けいてんしゃくもん》』の著者である陸徳明、経学に通じのち『五経正義』の編纂を主催した孔穎達《くようだつ》、山東の名家出身で、李密、つづいて王世充に仕えた李玄道、同じく山東名家出身で系譜の学に通じた李守素、隋の内史侍郎虞世来《ぐせいき》の弟で書の名手虞世南《ぐせいなん》は、はじめ竇建徳に仕え、のち世民に仕えて、世南の五絶（徳行・忠直・博学・文辞・書翰）としてその才能は重んぜられた。蔡允恭《さいいんきょう》は南朝系の学者で、隋では、煬帝のとき、内史舎人となり、宇文化及、ついで竇建徳に仕え、のち世民に仕えた。顔相時《がんしょうじ》は、『顔氏家訓』の著者である顔之推の子、『漢書』の注釈家である顔師古の弟である。許敬宗《きょけいそう》も南朝系で、隋のとき秀才に挙げられ、文章に長じていた。父は宇文化及に殺された。敬宗ははじめ李密に仕え、のち世民に仕えた。この人はのち則天武后の擁立派になり、唐初の元勲たちを裏ぎった。このほか、薛元敬《せつげんけい》・蓋文達《かいぶんたつ》・蘇勗《そきょく》と、劉孝孫がある。

これらの人たちのなかには南朝系の人もかなり多く、また宇文化及・竇建徳・王世充・李密など隋末の群雄、とくに唐朝に敵対した人に仕えた人も多く、過去の経歴にとらわれない世民の選抜眼がよく示されている。しかしこれは唐朝大官が太原元従を根幹にしたのとはまた違った傾向を示しているのも注目される。

❖文化人としての李世民

世民はティーンエイジを隋末乱離の兵馬倥偬《こうそう》の間にすごし、その世間への登場も、一八歳のとき煬帝が雁門で突厥に囲まれたときの救出策の献上であり、翌年には、父が歴山飛に包囲されたのを救出し、二〇歳には、太原起義で右領軍大都督として活躍したなど、武将ないしは軍略家として卓越した才能を示したことは既述の通りである。しかし文化人的教養もいつのまにか身につけていた超人である。このことは煬帝についても同様である。世民の文化人的特徴をもっともよく示しているのが書の方面である。

王羲之の書「蘭亭序」
神龍半印本

世民が崇敬し心酔し、あまつさえ収集してやまなかったのは書聖とよばれる王羲之《おうぎし》（三〇七？〜六五？）の書である。王羲之は世民が崇敬してやまぬためその不動の地位を確立したといってもよいくらいである。王羲之は楷・行・草の三体を確立し、その書は精神と技巧がよく調和した見事なものである。とくにその筆になる「蘭亭序《らんていじょ》」は名高い。これは三五三年（東晋の永和九）三月三日、会稽《かいけい》（浙江省紹興）在住の文人がその地の名勝蘭亭において行った文雅な遊びの記録である。

世民は王羲之の真蹟の収集に熱中し、二二九〇紙も集めた。しかし「蘭亭序」は手にはいらない。調べてみると、それは王羲之七代の孫で千字文で有名な智永禅師が会稽で所有し、智永の没後、弁才禅師が保管していることがわかった。世民は三度にわたって譲渡を懇願したが聞き入れてくれない。ついに使者を遣わし、その「蘭亭序」にけちをつけ、だまして取り上げてしまった。そして世民の死後、その「蘭亭序」は遺言により、いっしょに葬ってもらった。文化財保護の点からは望ま

開元通宝銭

しくないが、そこまで熱愛した世民の気持はしのばれる。

世民はたんなる王羲之のコレクターではない。よく王羲之の書風を学んでいる。それは敦煌《とんこう》（甘粛省）出土の唐拓本の「温泉銘」や、いまに碑文が残っている「晋祠銘《しんしめい》」によってわかる。ともに行書で、流麗ななかに力強さを備えた見事なものである。世民は即位後、『晋書《しんじょ》』を勅命によって編纂させたが、そのなかで、「王羲之伝」はみずからその論賛《ろんさん》を書き、最大級の賛辞を名文で書いている。

十八学士の一人の虞世南、開元通宝銭の筆者といわれる欧陽詢《おうようじゅん》はいずれも王羲之風の書の大家で、世民の王羲之収集の鑑定に当たった。その没後は、褚遂良《ちょすいりょう》が担当した。遂良は十八学士の一人でその賛を書いた褚亮の子で、のち世民の遺書を託されるほどの重臣になった。

世民の著書には『帝範』四巻があり（後述）、その詩はいま『全唐詩』に六九首残っているが、詩では世民自身も珍しく煬帝をほめているように（前述）、煬帝の方が上手であった。煬帝と同題の楽府「飲馬長城窟行」の作もある。

玄武門の変

❖太子建成と李世民

唐朝創業のとき、李淵と皇后竇氏（すでに死去していて皇后は追贈）との間には、長男の建成、次男の世民（三男の玄覇はすでに死去）、四男の元吉と三子があったが、建成が皇太子に、世民が秦王に、元吉が斉王になった。

太子建成の性格を『新唐書』建成伝は次のように書いている。

やり放しな性格で、物事に一定の方針がなく、荒淫で酒を好み、狩猟でも度を過ごし、博《ばく》徒《と》や俠客を従えている。

とあって、かなり悪く書かれている。しかし、あるとき元吉が世民を殺そうとすると、建成は「仁厚」な性格のためこれをやめたと『資治通鑑』（武徳七年六月壬戌の条）には見える。また先にも述べたように、李淵が太原を進発して長安へ向かう途中、隋軍と苦戦になり、李淵はいったん太原へ引き返して再挙をはかろうとしたとき、世民と建成がこれに反対し、ついに成功したことは、これも『資治通鑑』に記す通りである。重大な判断において、建成と世民の意見は一致しており、建成と世民はもともと仲が悪かったのではないと思われる。はじめに挙げた『新唐書』の記事は、おそらく、世民を理想化するために、かえって建成を悪く書いたのではなかろうか。長子相続の原則は中国社会が早くから安定した一大原因で、この原則は容易なことでは破られない。どうも建成は太子を廃されるような失徳者ではなかった。しかし文武両道にすぐれ、とくに唐朝政権確立の武勲においてはなばなしい功績のある世民に比べれば、建成が見劣りしたことは確かであろう。

しかし世民とてもすべて模範的な優等生ではけっしてない。世民は酒は飲めなかったが、過度の狩猟はしばしば諫められており、女性関係においても、弟の元吉を殺したうえその楊妃を自分の妃にして、曹王明を生ませている。これは中国の道徳では許されないことである。

しかし世民が唐朝にとって最大の敵であった王世充・竇建徳の連合軍を撃破するなど数々の大武勲を立てたので、父高祖は、世民を太子に立てようと思い、言明したこともあったようであるが、高祖の優柔な性格のため、時間がたつとまた思いなおしたようである。それには隋の文帝が長男の太子勇を廃して次男の煬帝を立てたため隋朝がかえって滅亡を早めたことも念頭に去来したであろう。しかし世民を太子にしようという高祖の考えは建成側をいたく刺激した。そのため建成は自分も武功をたてようとあせった。太子建成補導の任にあった魏徴（はじめ李密に仕え、のち世民の諫臣《かんしん》となる）は、竇建徳の残衆の劉黒闥の討伐を建成にすすめてやらせた。このことは突厥討伐についても同様である。

以上のように、高祖は世民の大きな武功のため太子建成を廃して世民を立てようかと心に迷いが生じ、またこれを察した建成側の動揺が混乱に大きく輪をかける原因になってくる。

❖はっきりしない原因

先にも述べたように、高祖には即位後皇后はなかった。しかし愛妃は多く、世民は愛妃たちに不人気であったため不遇であったとする説もある。高祖が愛妃に与えた洛陽の田数十頃《けい》を世民が取り上げた事件はこのようにいわれる原因になっているが、これは処分をまかされていた世民が先にその土地を淮安王神通に与えていたからこうなっただけであって、世民はことさらに高祖の愛妃に意地悪をしたわけではない。高祖が愛妃たちの動きによって建成の廃位を取り消したという記載はあまり重視する必要がないし、建成と元吉が高祖の愛妃と結託して、世民の太子就任を妨害したことも大きく問題にすべきことではない。

六二四年（武徳七）六月、太子建成と結んでいたといわれる楊文幹が慶州（甘粛省慶陽県）で反乱をおこした事件は、世民が建成・元吉を殺した玄武門の変の発端の一つと見られている。この反乱が建成に連なっていること自体が誣告《ぶこく》であるとする学者もある（李樹桐『唐史考弁』

民国五四年、台湾中華書局)。しかしこの反乱は、むしろ反乱が勃発したとき、高祖はあわててその討伐を世民に依頼し、その代償に太子にすると約束し、反乱が世民の討伐によって簡単にかたづくと、また高祖の気が変わって、太子の約束を空手形にしただけのことであって、これも玄武門の変の直接の原因と見ることはできない。

玄武門の変の直接の原因として、建成が元吉と結んで、世民の殺害を計画した事件が二度見える。一度は、世民が高祖に従って元吉の邸に行ったときのことであるが、これは建成がうまくいきそうもないといってやめたことになっている。もう一度は、建成と元吉が毒酒で世民を殺害しようとした事件であるが、これは世民が血を数升吐いて終わっている。これらも、世民が立ち上がるもっともな動機と一応考えさせられるが、現実性の薄いもので、建成・元吉の凶悪性を示すために捏造《ねつぞう》された事件とも考えられる。

建成側は最後の試みの一つとして、世民の帝位簒奪《さんだつ》の計画を高祖に訴えたが、高祖の優柔不断さはこれに決断を与えなかった。また建成側が世民側の勇将である尉遅《うっち》敬徳・段志玄らに金帛を贈ってかえって失敗したことや、世民側の謀臣の房玄齢・杜如晦らの左遷を申請して成功したことがある。

以上のように、玄武門の変の原因としては、高祖の愛妃が世民の太子就任を好まなかったこと、建成が楊文幹にまず反乱をおこさせたこと、世民の殺害未遂事件、世民の臣僚の懐柔あるいは左遷などに原因があるとする史料が多いが、私はどれもあまり重視しない。世民の偉大な武功とその人柄に対して高祖のとった優柔不断な態度――すなわち困ると太子にするといって働かせ、終わると態度がふらつく――に原因があると思う。またこのような高祖の態度に対して、建成側がかえって種々画策をしたことが事を紛糾させたことは確かにあろう。

❖力による政権奪取

玄武門の変とよばれる世民のおこしたクーデターによる政権奪取の原因は以上のようにはっきりしたものはない。しかし世民輩下の人たちはもはや力によって、建成およびそれと結ぶ元吉を殺害して帝位を奪取するほかなしと判断した。その直接のきっかけとなったのは、たまま突厥の郁射設《いくしゃシャド》（設は突厥の官名）が進攻してきたので、その討伐に世民配下の勇将の尉遅敬徳・段志玄らを従軍させ、世民の主力を奪っておいて、世民の殺害を計画したことである。しかしこれもあまり見えすいた計画で、世民がこれに乗ぜられるとも思えないが、これが発端ということになっている。要するに世民側の力による政権奪取のみがこの変の本質と見た方がわかりやすい。

このままでは殺害されると判断した世民は、建成・元吉が高祖の後宮の女性と淫乱な行為をしていると上奏した。六二六年（武徳九）六月四日朝、高祖がその取り調べのため、建成・元吉を召喚するところを、宮城の北門の玄武門で待ちかまえていた世民は輩下の長孫無忌（長孫妃の兄）ら九人とともに建成・元吉を襲撃し、建成は弓で射られて即死し、元吉も流矢に当たったところを尉遅敬徳に殺された。この変を聞いて、建成配下の護衛軍二〇〇〇が出動し、世民側は五〇〇で応戦し、はげしい戦闘となったが、尉遅敬徳が建成・元吉の首を示したので、その抵抗は中止された。

異変を聞いた高祖は海池とよばれる宮城内の池のなかに逃れた。世民は尉遅敬徳をそこへ派遣して、情勢を告げ、高祖より諸事すべて世民の処分によらせる詔勅を出させ、この事変は終結した。

これより高祖は監禁状態となり、世民は実権を握った。そして建成・元吉以外のその徒党の罪は問わないことにした。しかし建成の五子、元吉の五子はそれぞれ殺された。その他二、三誅殺される小波瀾《はらん》はあったが、翌月、建成・元吉に連なるものの告訴を禁じて人心の安定をはかった。

❖李世民の即位

玄武門の変の四日後の六月七日、世民は皇太子となり、すべて政事を決裁した。六月一二日には、長孫無忌・杜如晦を東宮官（皇太子府）の左庶子に、高士廉（長孫無忌の母の兄）、房玄齢を右庶子に任命して、東宮官において最高政務を執行させた。一六日に、高祖はみずから太上皇となることを宣言した。退位の意志表明である。七月六日、高士廉を侍中《じちゅう》（門下省の長官）、房玄齢を中書令（中書省の長官）、蕭瑀《しょうう》を左僕射（尚書省の長官）、長孫無忌を吏部尚書（吏部の長官）、杜如晦を兵部尚書に任じて、中枢部の人事を固めた。

魏徴ははじめ李密に仕え、李密とともに唐に降ってから、武徳中は太子建成に仕え、早く世民を除去せよと建言していた。世民は玄武門の変後、魏徴に、

魏徴画像

お前はどうしてわたしたち兄弟を離間したのか。

とたずねた。左右の者はどうなることかとびっくりした。しかし魏徴は泰然自若《たいぜんじじゃく》として、

太子（建成）が早くわたしの言葉に従っておられたら、今日のような禍は受けられなかったでしょう。

と答えた。かねて魏徴の人物に注目していた世民はなるほどしっかりした人物だと認めて、起用のはらを決め、諫議《かんぎ》大夫《たいふ》に任用して、東方宣撫《せんぶ》の重大任務を与えた。このようにして名高い諫臣魏徴は登場した。

八月九日、世民は帝位につき、その廟号によって太宗と

よばれている。八月二〇日に、秦王妃であった長孫氏（無忌の妹）を皇后とした。年号は翌年（六二七）を貞観《じょうがん》元年とし、長男の承乾《しょうけん》を皇太子とした。

以上述べたような建成・元吉対世民の争いを、唐初支配集団内の二つの潮流、すなわち前者はすでに地盤の固定していた世族地主集団を背景にし、後者世民は新興地主集団を背景とした とみなす分析が、プロレタリア文化大革命以前の新進の中国の諸研究にしばしば現われた。私はそのような分析は実証を欠いていて当を得たものとは思っていない（詳細は拙著『隋唐史研究――唐朝政権の形成』一九六六年、京大内東洋史研究会刊を参照のこと）。両者の背景には、本質的な差はない。これは太宗がのち盛世を現出した基礎を無理に論証しようとしたことにほかならないと考えている。また、蕭瑀（後梁明帝の子）の起用や十八学士のなかに南朝系の人がかなりいることに見られるように、世民の背景が南朝系の人たちにかなりあったと見る考えもあるが、これは建成のバックにも見られることであって、これも世民背景の特色とすることはできない。

V

太宗の治世

貞観の治

❖平和の到来

太宗＝李世民は即位当初よりひきしまった政治につとめ、まず人事の公正をはかり、人事に不平のある者はどんどん不満を述べさせた。まず皇族の淮安王神通《わいあんおうじんづう》（李淵の祖父李虎の孫）が、房玄齢・杜如晦らの書記風情《ふぜい》をもって最高の功績者とするのはうなずけないといった。すると太宗は、後方にあってでも参謀役の功は没することはできない、なにも第一線の将軍にだけ功績があるのではないと説ききかせて承服させた。皇族みなその通りだと心服した。またかつて世民輩下にあった秦王府官で昇進しないものが不満を訴えると、人事は賢才主義により、縁故は問わないことを明言した。

また世民と直接関係のなかった蕭瑀《しょうう》が左僕射となり、瑀の推薦する封倫《ほうりん》（字は徳彝《とくい》）が右僕射となった。房玄齢・杜如晦は瑀に不満であった。しかしたまたま蕭瑀は太宗の前で陳叔達（陳の後主の兄弟、武徳中の大官）と争い免官となってこの問題は落着した。

一方、このころなお盗賊が多く、群臣は刑罰を重くすることを上請した。太宗は笑って、人民が盗賊となるのは、税役が重く、官吏が無茶苦茶にむさぼっているため飢えと寒さに迫られて、正直になり恥を知る暇がないのだ。朕《ちん》がおごりを省き、節約につとめ、税役を軽くし、正直な官吏を選任し、人民の衣食を充実させるならば、自然に盗賊はなくなる。刑罰の加重は行わない（『資治通鑑』武徳九年一一月の条）。

ときっぱりいった。また太宗は「君主は国に依り、国は民に依る。民からはぎとって君主に奉《たてまつ》るのは、ちょうど自分の肉をさいて自分の腹をふくらせているようなもので、腹はふくれるが、身は滅びる。」ともいった。

太宗は書籍の収集や教育にも深い関心を示した。宮中の弘文殿に各種の図書二〇余万巻を集め、弘文殿のかたわらに弘文館を置き、かつての十八学士らを兼官としてかわるがわるそこに宿直させ、政務の余暇に講義を受け、いろいろ討論して、深夜に及ぶこともあった。また大官（三品以上）の子孫を選んで弘文館学生として教育した。なお六二八年（貞観一二）孔穎達らに命じて五経の標準的注釈の制定を目指す『五経正義』の編集に着手させたが、完成は次の高宗のとき（六五三、永徽四）のことである。

六二八年（貞観二）五月、最後まで唐朝に抵抗していた朔方《さくほう》（陝西省横山）の梁師都《りょうしと》に最後のときが訪れた。梁師都は突厥と結んで戦ったが、唐軍は師都を囲み、城内の食糧も尽きた。

師都は一族の者に殺されて終わった。これで唐に抵抗するものは完全に平定され、平和の時代が到来した。

太宗の治世である貞観年間（六二七〜六四九）の太平な時代を一般に「貞観《じょうがん》の治《ち》」とよんでいる。それは具体的には次のような状態を指す。

貞観のはじめには、戸数は三〇〇万に満たず、絹一匹（四〇尺）を米一斗と交換した。（貞観）四年になると、米一斗が四銭ないし五銭に下落し、外の戸締りをしないことが数か月も続き、馬牛が野をおおうように増加し、数千里を行く旅行者も食糧を携行する必要がなく、民衆も物資が豊富となり、周辺の異民族の帰属してくるものが一二〇万人にものぼった。この年、天下で死刑の判決を受けたものはわずかに二九人に過ぎない。「太平の世」といわれた（『新唐書』食貨志）。

物価が下落し、戸締りの必要がないほど治安がよく、家畜が増加し、旅行者がどこでも食糧の調達ができ、多数の異民族の帰属者があり、死刑囚が六三二年（貞観六）の三九〇人に比べてもきわめて少ないなどまことに結構ずくめである。しかしこの史料を文字通りと解してよいかとなると疑問がでてくる。まず貞観はじめの戸数が三〇〇万とあるが、中国では一戸五人が普通であるから、人口になおすと一五〇〇万となる。これが四年間いくら増加してもしれている。中国の人口は前漢末（紀元五年）の統計で五九〇〇万、唐の玄宗のとき（八世紀前半）で四一〇〇万あり、それらと比較して戸数三〇〇万はあまりに少ない。太平のバロメーターは人口の増加ではかられるのが普通であるから、当時のこのように少ない人口では太平にまず該当しない。

またこれより二年後の史料とも矛盾する点がある。六三二年（貞観六）の魏徴の意見のなかに次のようなことが見える。

いま隋末大乱の後を承けて、戸口は回復していないし、穀物倉はからっぽである。いま、洛陽より東海にいたる間、煙火はまれで、雑草雑木ばかり繁茂している。こんなときに外国の使節を迎え入れては、国内の充実していないことを見せるだけである（『資治通鑑』貞観六年正月の条）。

これはあまりにも貞観四年の記事と矛盾している。貞観四年の段階での「貞観の治」をそのまま信用することには問題があると思う。太宗の時代になって平和の世が到来したことは確かであろう。しかし無条件にこれを謳歌するのには問題がある。

❖貞観の名臣たち

貞観の名臣たちと太宗の問答を二八七項目一〇巻に分類集録した書物が『貞観政要』である。これは太宗の没後約五〇余年後の編纂で、それは太宗がかなり理想化されてからのものであることをまず念頭におく必要があろう。しかし唐の太宗のことは古来この書物によって知られてきたといっても過言でない。わが国へも平安時代に伝わったことは、八七六年（日本貞観一八、唐僖宗乾符三）ごろ編纂に着手された『日本国見在書目録』にすでにこの書物が著録されていることによって判明する。その後も尼将軍北条政子（源頼朝の妻、一一五六〜一二二四）は『仮名貞観政要』を作って普及し、徳川家康も古活字本として刊行して一般に読むことを奨励するとともに、禁中ならびに公家諸法度にて天皇に『貞観政要』を読むことをすすめている。この書物には、それがそのまま太宗の言行であるかどうかは別としても、太宗が明君としてよく臣下の意見をいれ、臣下を適材適所に任用していたことが如実に示され、古来、帝王学の教科書といわれるにふさわしい内容を持っている。その一例として「任賢篇」のなかで、太宗が人物鑑定の上手な王珪《おうけい》に、王珪と比べて人物批評をさせた個所をあげてみよう。それは、六二八年（貞観二）のこととなっている。

いつも天子を諫《いさ》め、天子が古の堯《ぎょう》・舜《しゅん》に及ばないことを恥としている。この点でわたしは魏徴にかなわない。

いつでもまじめに国に奉仕し、よいと知れば必ず実行に移す。この点でわたしは房玄齢にかなわない。

才能は文武を兼ね、出でては将軍、入りては宰相の任を立派に果たす。この点では李靖にかなわない。

上奏が委細をきわめ論理が明析で、上の言葉をうまく宣布し、下の言葉をよく上に伝える。この点でわたしは温彦博にかなわない。

劇務をうまく処理し、なにをやらせても必ず効果をあげる。この点でわたしは戴胄《たいちゅう》にかなわない。

しかし悪事を除き、善事を挙げ、悪をにくみ善を好む点で、わたしはこれらの人たちよりいくぶんすぐれていると思う。

このほか名臣に、房玄齢とならぶ杜如晦があり、「房杜」と並称される。房玄齢はむしろ立案にすぐれ、杜如晦は決断にまさり、名コンビであった。太宗に向かってずけずけと諫めた点で諫臣としての魏徴の名声は抜群で、魏徴の諫言だけをまとめた『魏鄭公諫録』という書物もある。

❖君主の道とは

『貞観政要』君道篇の一例をあげてみよう。六二八年（貞観二）、太宗は魏徴に、「明君、暗君とは何か。」とたずねた。それに対して魏徴は次のように答えた。

君主が明君となる理由は、多くの人のいうことをよくきく「兼聴《けんちょう》」である。暗君となる理由は一部の人のいうことのみきく「偏信《へんしん》」である。秦の二世皇帝胡亥《こがい》はその身を奥深くかくし、身分のいやしいものを遠ざけ、宦官の趙高《ちょうこう》だけを偏信したため、天下が崩壊し、反乱がおこるまで情報がつかめなかった。隋の煬帝は虞世基《ぐせいき》（虞世南の兄）を偏信し、多くの賊が城を攻め邑《むら》をかすめても知らなかった。この故に、君主たるものは兼聴して下の言葉をよく聞き入れねばならぬ。そうするならば、側近の臣下が君主をおおいかくすことはできず、下情は必ず上通する。

君主政治の要諦は下の者の意見をよく聞き入れることであり、悪い政治は一部のものの意見を盲信することである、という考えは『貞観政要』のなかを一貫して流れる主題である。

さらに有名な例をあげてみよう。六三六年（貞観一〇）、太宗は側近の臣下に、「帝王の業は創業と守成とはどちらがむつかしいか。」とたずねた。房玄齢はそれに答えて、

天下が乱れ、群雄割拠のときには、攻めては降し、勝ってまた勝たねばならない。この点からいえば、創業がむつかしい。

と。これに対して魏徴は、

帝王の起《た》ちあがるときは、必ず天下衰乱のときであり、頑強な敵を討ちやぶると、民衆は喜んで推戴してくれて、自然に天命と民衆はその掌中にはいり、それほど困難なことはない。しかし天下が平定されてからは、人々の心はおごりなまけ、民衆は安静を望んでいる

のに、徭役は過重となり、民衆が困窮しても、無駄はやめない。国の衰えは、いつもこれが原因である。この点からいえば、守成のほうがむつかしい。

と答えた。これに対して太宗は、

房玄齢はかつてわたしに従って天下を平定し、艱難辛苦《かんなんしんく》をつぶさになめ、万死に一生を得て、創業の困難性はよく体験している。魏徴はわたしと天下の平和を保ち、おごりなまける心がおこると必ず滅亡の淵にいたることを心配しつづけてきた。守成の困難性はよく体験している。いまや創業の困難な時代はすぎ去った。守成の困難さはみなと慎重に処していかねばならない。

といっている。太宗は創業と守成と質の違った困難性に着目して臣下にたずねた。房玄齢は自分の体験から創業の困難性を述べた。魏徴は目下当面している守成の困難性に着目して答えた。この創業と守成の両面を一人の帝王で兼ね備えることは古来きわめて困難とされている。また創業の困難性は誰にもわかりやすいが、守成は地道であり、そのうえおこたるとたちまち転覆してしまう。このことこそ目下のもっとも戒心しなければならないことと太宗は自覚していた。そこで房玄齢のいう困難性も一応は認めてやり、魏徴のいう守成こそ目下の急務であるとして、二人のいうことをたくみにたてておいて、守成の困難性を強調してうまくさばいている。太宗の明君ぶりを十分に発揮した一幕といえる。

❖文帝・煬帝への批判

隋は二代目の煬帝で滅亡したのに対して、唐は二代目の太宗で政権を確立した。この差はいったいどこからくるのであろうか。私はそこには「殷鑑は遠からず」(『詩経』大雅の句)というような強い反省が太宗にあったのが大きな理由と考えるので、そのことを以下に述べてみよう。

六三〇年(貞観四)、太宗は煬帝の蕭皇后のきょうだいである蕭瑀に「隋の文帝はどのような君主か。」とたずねた。蕭瑀は次のように答えた。

己《おのれ》に克《か》ちて礼に復《かえ》り、一生けんめい政治について考え、一たび朝堂に坐すると、あるいは日が傾くまで(正午に退朝するのが普通)、五品以上の者を玉座のそばに来させて討論し、警護の宿衛の人たちは弁当を立食いしなければならない有様であった。性は仁明とはいえないが、励精な君主である。

といった。これに対して、太宗は、

あなたは文帝の一を知って二を知らない。この人は生まれつき洞察力にすぐれているが、心は明るくない。心が明るくないと、照らしてもつらぬき通らないところが必ずある。そのうえ洞察力が強いから、物を多く疑う。さらに北周の宣帝の没後、幼い静帝や皇太后をだまして天下を取った。その他にいつも群臣が内心不服をいだくことを恐れて、百官を信任せず、ことごとにすべて自分で決断した。自分で苦労しているが、すべて理に合わない。朝臣もその意を知っているから、すすんで直言しない。宰相以下、唯々諾々《いいだくだく》としているだけである。わたしの考えはこれと違う。天下の広大さはさまざまで、これに臨機応変の処置をしていかねばならない。だからすべて百官に任せて相談討議させ、宰相が計画し、事を穏便に取り扱い、はじめて上奏して執行させる。わたしは多くの政務を処理するのに独断ではしない。一日に自分で十事を決断すると、五事は理にあたらない。あたるものはよいが、あたらないものはどうしたらよいのか。これが重なっていくと、誤謬《ごびゅう》だらけとなり、滅亡以外はない。それより広く賢良な者たちにまかせ、高所にいて深くみているほうがよい。法令さえ厳粛であれば、あれこれいう者はいない（『貞観政要』政体篇）。

といっている。

太宗は煬帝について『貞観政要』のなかでなんども語っているが、一例だけあげておこう。六三〇年（貞観四）、太宗は隋代の囚人について臣下と論じた。魏徴は次のようにいった。

隋朝のときのことですが、あるとき盗賊が発覚した。煬帝は於士澄《おしちょう》という者に捕らえさせ、罪状の疑わしい者には拷問を加え、罪もないのに盗賊とされた者が二〇〇〇余人もあった。かれらに同日に死刑の判決を下した。大理丞《たいりじょう》（法務次官）の張元済がこれを怪しんで、その実情を調べてみると、そのうち六、七人は、盗罪の発覚した日に、まず一か所に監禁され、やっと拘禁を解かれると、また取り調べに合い、苦痛にたえかねて、盗罪を犯しましたといってしまった。そこで大理丞がさらに取り調べてみると、二〇〇〇人のうち九人の罪状がはっきりしない。役人で犯人らをよく知っているものがあって、九人のうち四人は盗賊でないとした。しかし当該役人は煬帝がいったん死刑を決定したのだから、このことを上奏しないで、すべて死刑にしてしまった。

といった。これについて太宗は、

この事件は煬帝の無道を示すものではない。それは臣下が心を尽くしていないことを示すといえよう。臣下は諫言して死刑を避けねばならないのに、ただこびへつらって、煬帝を喜ばせただけである。君主も臣下もこのようであれば失敗するのが当然だ。わたしはあなたたちの補佐により、ついに刑務所はからっぽになった（この年の死刑囚わずか二九人）。どうかあなたたちも終始いつも今日のようであってほしい（『貞観政要』輔弼篇、あるいは君臣鑑戒篇）。

といった。これは魏徴が煬帝の濫刑を述べたのに対し、太宗は魏徴がかんたんに煬帝の責任にしているのを、むしろ補佐の臣下の諫言しなかった責任としているところに太宗の見識がうかがわれる。

❖漢人貴族対策

太宗の十八学士の一人に李守素という人がいる。この人は山東漢人貴族である趙《ちょう》州李氏の出身で、系図学の大家であり、漢人貴族や北族の家柄のことによく通じ、当時「行譜《こうふ》」とか「人物志」「肉譜」とよばれた。いずれも系図学の生き字引きという意味である。太宗のブレーンにこういう人物がいたことは、唐代にあっても家柄の知識がいろいろの場合に必要であったことを示している。また唐代では系図（氏族譜）の編纂はなお盛んであった。しかしこの事実をもって、ただちに唐代において南北朝的な漢人貴族がなお実権を握っていたとすることにはならない。系図の編纂は古い家柄が衰退し、新興階層が勃興したときにその権威づけのために盛んになるものではなかろうか。唐朝初期はなお漢人貴族の動向を完全に無視してよい時期ではない。しかし唐朝初期は西魏・北周・隋・唐と貫く関隴集団が実権を掌握していた時代であることはすでに述べてきた通りである。そして唐初はこの旧漢人貴族との対決が一つの大きな政治課題として残っていた。

唐朝は創業（六一八）の翌月である六月の一日に諸大官の任命を行った。そのとき崔《さい》民幹を黄門侍郎《こうもんじろう》（門下省の次官）に起用した。門下省は中書省の立てた詔勅の草案の可否を審査する重要な役所である。崔民幹は博陵安平の崔氏といわれる漢人貴族の出身である。したがって彼の起用は旧貴族代表者としてこのポストを割り当てられたとみて差し支えない。事実、崔民幹任用の年の一〇月、皇族である淮安王神通を山東安撫大使に任命し、民幹はその副使となった。長安付近と比べて大行山脈以東の華北大平原はなお旧漢人貴族の勢力の強い地域であったので、崔民幹を安撫副使として、その対策に当たらせたわけである。しかし崔民幹については正史に列伝もなくて伝記の詳細も判明せず、官職もそのままで栄進の跡もなく、単なるロボット的起用としか見られない。

また唐の高祖はその娘の真定公主を崔民幹と同じく博陵安平の崔氏である崔恭礼に嫁がせしめて、崔氏と婚姻関係を通じても結合をはかっている事実がある。唐朝は博陵安平の崔氏にねらいをつけ、これを通じて漢人貴族懐柔をはかったことは間違いあるまい。

山東の漢人名門に崔・盧《ろ》・李・鄭《てい》の四姓があり、それらは実勢力はないのに家柄を誇り、尊大な態度をとって、それらの娘を他家に嫁がせるとき、多くの聘財《へいざい》（結納金）を要求し、ちょうど商人の取引のようであった。太宗はこのような事情を知って憤慨し、改革を考えた。そこで六三二年（貞観六）、高士廉らに命じて、天下の系図類を広く調査させて、姓氏を正しく定め、その典拠を史書に求め、証拠のないものはけずり、忠賢の者は家格を上げ、道義に合わない行いのあるものは家格を下げるために、官定の「氏族志」を編集させた。

しかし氏族志が完成してみると、上述の崔民幹の家が第一等にランクされていた。そこで太宗は、高ランクにある崔・盧・李・鄭はすでに衰微していて、高官につく者がほとんどないにもかかわらずこのようになっていることに激怒した。よい家柄とは、唐朝に功勲があり、そのうえ忠孝などの徳や学芸に秀いでているものをいうべきであって、昔の家柄だけを誇っているものはいけない。このような状態では、氏族のランクは唐朝の官位に基づいて決定しなければならないとした。その結果、崔民幹の家は第三等に格下げされた。このようにして修正された氏族志が、六三八年（貞観一二）に完成した『貞観氏族志』である。

太宗の『貞観氏族志』の編集の勅命は唐代史にとって重要問題である。それは旧漢人貴族を律令制下の官品制の規制に従属させ、たんなる家柄だけによる優位を否定し、旧貴族制の残滓《ざんし》を克服することをはっきりと表明したのである。当時の社会情勢はこれに完全に同調するところまでいっていたとはいえないが、太宗のこの姿勢は唐朝の政治の特色を示しているものと見てよい。

諸制度の整備

❖貞観律令格式の制定

唐の高祖の武徳律令は隋の開皇律令を五三条の格で修正した程度のものであった。太宗が即位すると、長孫無忌・房玄齢らに命じて、本格的な律令の制定に着手させた。律改訂の趣旨は刑罰の軽減にあった。そこで五刑（笞杖徒流死）のうちの死刑に絞・斬の二種類があったなかで、軽いほうの死刑の絞に当たる五〇条を審議し、その絞を免じて右趾《うし》（右足）を断つ刑に改めた。右趾を断つ刑は肉刑（身体の一部を損傷する刑）であって、漢代以来正式には廃止されていた。しかしこの刑を復活してみると、痛ましい刑なので、反対論がおこった。そしてこの改革をめぐって、死刑が軽減されて生命を全うすることができるからよいという説と、この刑は残酷であるからいけないという説、またこの刑は五刑の体系を乱すからいけないという説も出てきた。その結果、大官を集めて討論し、ついに断趾の刑は廃止し、それに代わって「加役流」という項目を設置した。これは流刑には普通一年の居作《きょさく》（強制労働）が伴っていたのを、流刑三〇〇〇里に居作二年のものを加役流といった。

また兄弟が分家した場合、蔭（血縁による特典）が及ばなくなるのに、連坐（血縁による連帯責任の罪）の場合は死刑になることがあるという矛盾があった。そこでこれを改めて、死刑の場合も流刑に軽減することとした。

このようにして武徳律を改訂してできた貞観律は五〇〇条あり、名例（総則）以下一二篇に分け、六三七年（貞観一一）に完成した。また同時に貞観令も完成した。これは唐になってからはじめての本格的制定で、一九九〇条、三〇巻に分けられていた。さらに格七〇〇条、一八巻も完成した。格とは詔勅のうち永久に効果を持たせるもので、律令の修正は格で行われた。この分類は尚書省の六部に属する二十四司別になっていた。また二十四司等官庁の名をつけた式三三篇、二〇巻も完成した。式は施行細則である。

❖官制の確立

唐の官制は貞観令で確立された。しかし大綱は隋の開皇令と大差がない。三師三公三省六部九寺一台五監が整備された。三師三公は論道の官といい、官庁・官員はなく、名誉職である。三省六部とその下の二十四司は隋の開皇令と大差がない。令制には規定されていないが、三省の長官が宰相で、最高政務を合議決定した。また三省の長官以外の官職にあってとくに宰相の職務を行う者に、「参議朝政」「参預朝政」「参知政事」の名を与えて行わせていたが、のち「同中書門下三品」、また「同中書門下平章事」と称することになった。

のちの玄宗《げんそう》（在位七一二～七五五）の開元の制では、上述の三省のほかに、宮内官としての秘書省（図書掛）、殿中省（皇帝の身辺世話掛）、内侍省（宦官の取り締まり）の三省があるが、貞観令では内侍省だけは内侍監と称していた。

一台とは御史台《ぎょしだい》のことで、監察を司り、長官は御史大夫、次官は治書侍御史（のち御史中丞という）、その下に三院とよばれる台院（侍御史六人、中央官庁の監察）、殿院（殿中侍御史九人、宮中の監察）、察院（監察御史一五人、地方の監察）があった。

九寺とは大常寺（礼儀祭祀を司る）以下、寺のつく役所が九つあり、長官は卿、次官は少卿《しょうけい》といい、各寺に多くの付属官署を持つ膨大な機構である。隋唐以前では隋唐の六部の機能を果たしていた。隋唐以後は職掌は六部と重複し、六部の細務の執行機関となっていた。五監は国子監（学校行政）、少府監（技術）、将作監（土木）、軍器監（武器）、都水監（水利）に分れる。

地方官制は隋制を継承した州県二級制で、州はまた郡ともいう。州の数は六三九年（貞観一三）で三五八（中国のことを四〇〇余州というのはこの数字に基づくという）、県は一五五一あった。重要な州の上に都督府があり、占領地行政府には都護府があった。都護府の下に異民族の首長を州県の長官として任用して世襲統治させた。太宗は六三一年（貞観六）、全国の州を一

○道に分けた。しかしこれは監察のためのもので、行政区画ではない。

❖科挙制

唐代で官吏になるには、銓選《せんせん》という吏部の行う身（体つき）・言（言語明晰）・書（習字）・判（裁決文の起草）の試験に合格することが必要であった。しかし清官《せいかん》（三品以上とくに重要な官職）につくには科挙に合格するか蔭《いん》（五品以上の子）がなければならなかった。したがって隋に始まる科挙は庶民の大官への登龍門であった。たんなる家柄を誇る旧漢人貴族の大官への栄進は完全にふさがれていた。

科挙（正式には貢挙という）の主な科に秀才・明経・進士の三科があった。秀才科は方略策（論文）五題を主な科目とする最高の名誉ある科であったが、毎年一人ないし二人の合格者しかなく、したがって難関でもあり、太宗以後は受験者もなく廃絶した。明経科は帖経《じょうきょう》（経書の一部を伏せてそこへ文字を入れさせる）を主とし、口答試験の経義（経書の大意）・時務策（時事論文）三題があった。進士科は時務策五題・帖経に詩賦雑文があり、一番人気のある科でこの合格者が唐代大官のエリートコースであった。のちおそらく則天武后（太宗の子高宗《こうそう》の皇后で、武周を開く）のころより、詩賦（作詩作文の能力）が主となり、これが唐詩隆盛の一因となった。しかし進士科の合格者はせいぜい毎年一〇人前後で、そこへ登る道はけわしかった。明経は合格者の数が明らかでないが、「三〇歳で合格すれば年寄った明経、五〇歳で合格すれば若い進士」（三十老明経。五十少進士）といわれ、また、進士の合格率は一〇〇分の一、二、明経の合格率は一〇分の一、二といわれるから、明経は進士に比べてだいぶ合格しやすかった。

唐詩に、「太宗皇帝のうまい策略、すっかりだまして英雄みな白髪頭《しらがあたま》」（太宗皇帝真長策。賺得英雄尽白頭『唐摭言』）とあり、また太宗はみずから新進士の行列を見て、「天下の英雄がわしの射程にはいった。」（天下英雄入吾彀中『唐摭言』）と得意になっているから、科挙はかなり効果があがっていたと見てよい。

❖均田制と租庸調制

太宗の土地支配は均田制を通じて行われた。しかしこの制度は太宗が始めたものではなく、すでに四八五年、北魏の孝文帝に端を発し、東西魏・北斉・北周をへて、隋代にも行われた。隋代均田制の実態はあまり明らかでないが、均田制は律令制下の田令として施行されているから、隋の開皇令では唐制に近い制度が実施されていたことは確実である。この制度は男子が成年に達すると、国家が一定の土地を支給するもので、土地を通じて人民を国家権力へ集中し、あわせて耕作を義務づけて、税役の確保をはかるものである。またこれによって豪族への土地集中を防止した。唐の高祖の時代は、いまだ群雄割拠の形勢で、施行範囲も長安を中心とした限られた地域であったが、太宗の時代になり、天下に平和が到来すると、施行範囲は拡大した。しかし江南の稲作地帯にどのように普及したかは明らかでなく、この制度は華北中心のものであった。

太宗のとき施行されていた均田制の大要は以下のようである。丁男（二一〜五九歳）を主な対象とし、それに一八歳以上の中男《ちゅうだん》を加えて、一〇〇畝、すなわち一頃《けい》（五四五アール）を支給した。そのうち二〇畝が永業田で、そこには桑・楡《にれ》・棗《なつめ》を一定の本数植えつけることが強制され、永業田は死亡しても老年になっても返還せずに、子孫に世襲することが許されていた。残りの八〇畝は口分田《くぶんでん》であり、ここには穀物を植え、老年になったり、死亡すると返還するものであった。以上のほかに、官人永業田があり、王・公以下五品以上の大官に一〇〇頃から五頃にいたる土地が与えられる。これは大土地所有者を官爵のあるものにのみ公認するもので、先に述べた『貞観氏族志』の編集方法に一致する。なお隋の煬帝は前代以来あった妻・奴婢への給田を廃止し、丁男を通じての支配を強化した。奴婢給田の廃止は大土地所有抑制へ一歩を進めたものである。丁男・中男のいない戸や、寡妻妾《かさいしょう》（夫を失ったもの）・廃疾者（身体障害者）には特別の給田があった。土地の少ない所を狭郷といい、そこは以上の給田額の半分とした。

八世紀の敦煌（甘粛省）戸籍で見ると、給田は戸単位で行われ、永業田はだいたい規定通り充足されているが、口分田はほとんど足りないし、その度合は戸で異なっている。そこで均田法が施行されていたといっても、それは各戸の従来の所有地を均田制に合わせて書きあげたものにすぎないという見方がでてくる。しかし吐魯番《トゥルファン》（新疆ウイグル自治区）出土の八世紀の文書に、土地還授関係を示す文書があったので、均田制による還授は行われていたのだと主張する人もある。しかし吐魯番では、永業田まで還授されていて、問題は残っている。

太宗のときの税役制は、租庸調制といわれているが、細かくいうと、租・調・役・雑徭《ぞうよう》の四目に分かれる。この税役も丁男を対象とし、租は毎年穀物二石《こく》（一一八リットル）、調は絹織物二丈（幅一尺八寸）、綿（まわた）三両（一二五グラム）、もしくは麻布二丈五尺（幅一尺八寸）、麻糸三斤（一七八八グラム）、役は毎年二〇日、役のないときは絹織物一日当たり三尺、もしくは麻布三尺七寸五分を収め、庸という。雑徭は年間約四〇日の地方徭役労働である。この税役制は均田制の実施状況とは無関係に丁男を対象に賦課された。

❖府兵制

兵制は、いかにして兵士を徴集するかという問題と、帝都・地方・国境の警備をいかにして達成するかという問題がからみあって成立する。太宗のとき、六三六年（貞観一〇）に完成された府兵制はこれらの問題を有機的連関のもとに組織した歴代兵制の模範といわれる。

この府兵制は、兵農一致の徴兵制で、魏晋南北朝時代に諸地方で行われた特定の戸を兵戸《へいこ》と

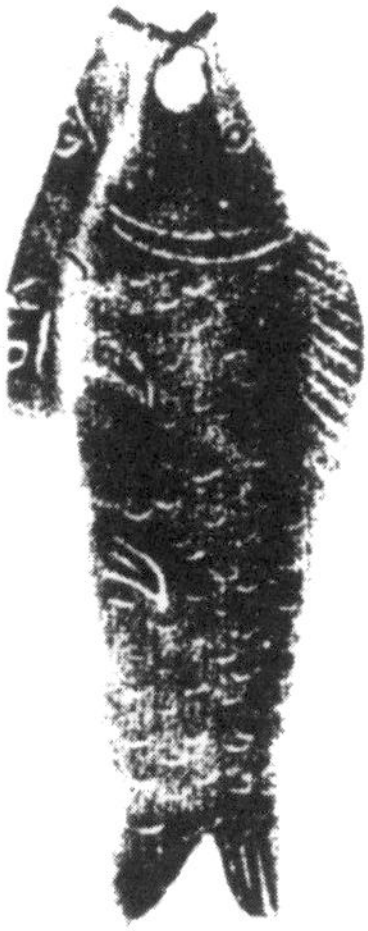

魚符　十二衛の一つである右領軍衛に属する道渠府のもの。発兵のさいに勘合する割符。

して、そこからだけ兵士を出す制度とは異なっている。府兵制は、地方にあって折衝府とよばれる兵士の選抜・訓練、地方警備を担当する軍府が中心になり、一府に約八〇〇人の兵士を持つ。兵士の選抜は折衝府のある州の丁男（二一〜五九歳）より行い、任務についているときは税役が全免され、用事のないときは普通の農民であった。この点において、志願兵的職業軍人ばかりを兵士とすれば、全期間国家が扶養しなければならないから、非常に経済的な制度である。折衝府の数はだいたい六〇〇前後あり、その分布は長安・洛陽・太原（山西省）の近傍に集中した。したがって全国の州からもれなく兵士が選抜されるのではなく、折衝府のある州からだけ選抜され、したがってその州の人民は移住を禁止された。このように折衝府が華北の特定地域に偏在したのは、この制度が西魏という小国に発生した帝都警備を中心としたものであるからといわれている。

折衝府に選抜された兵士の主な任務は帝都警備のための上番《じょうばん》で、この任務につく兵士を衛士《えいし》という。帝都には、衛士を上番させて宮城などを警備する十二衛がある。一衛が六〇ないし四七の折衝府を衛士供給の指定された母体とする。衛士は一か月もしくは二か月交替で帝都の警備に任じ、折衝府には帝都からの遠近に応じた番数の定めがあった。例えば「五百里内五番。一月番上」とあれば、帝都から五〇〇里（一里は約四五〇メートル）内の折衝府は八〇〇人の兵士を一六〇人ずつ五組に分け、一組一六〇人がいつも一か月ずつ帝都で警備の任についていることになる。衛士にとっては、この一か月のほかに往復の日数（一日五〇里）が必要であった。そのため帝都から折衝府までの遠近に応じて負担のアンバランスを調整するために、遠い折衝府は番数を多くして、衛士の負担の均衡を保つようにできていた（詳細は拙稿「唐代衛士番上の負担」『山本博士還暦記念東洋史論叢』山川出版社、一九七二年参照）。

折衝府に選抜された兵士（これを府兵という）には、衛士の任務のほかに、在役中（五九歳まで）に一回三年間、国境にある鎮もしくは戍《じゅ》に派遣され、これを防人《ぼうじん》といった。このほか府兵には農閑期の一二月に習戦《しゅうせん》とよばれる訓練があった。以上述べたのは平時の兵制である。大軍を出動させる戦時には、「行軍《こうぐん》」が編成され、行軍大総管の下に特別の組織ができる。この兵士は府兵の常備兵力ではまかないきれないから、そのときは臨時に各州に割り当てた「兵募」によって行われ、そのばあいは、折衝府のない州に多く割り当てられた。

対外関係

❖突厥の征服

太原起義のとき、唐を援助した突厥の始畢可汗は、唐朝創業後もそれをかさに横暴で、朔方の梁師都と結んで唐に侵入をくわだてたり、劉武周を援助して、唐室発祥の地である太原を奪ったりした。しかし太原は秦王世民により唐に回復された（六一九）。その年、始畢可汗は死去し、弟の処羅《しょら》可汗が立った。処羅可汗は始畢可汗の喪を高祖に告げてきたので、高祖は三日の喪に服して丁重に扱った。処羅可汗は竇建徳のもとにいた隋の蕭皇后と楊政道（煬帝の孫）を保護していた。しかし処羅可汗もまもなく死去し（六二〇?）、その弟の頡利《けつり》可汗が立った。

唐の高祖は依然として頡利可汗の鼻息をうかがう有様であった。しかし頡利可汗は施政をソグド人（イラン系）にまかせ、一族をうとんじ横暴であったので、突厥内でも頡利可汗より離反する傾向が現れた。そのうえ、連年大雪に悩まされ、国中が困窮しているところへ重税を課したので、諸部はますます離反の傾向を強めた。また頡利可汗と始畢可汗の子の突利可汗（啓民可汗と称した突利可汗とは別）との反目も強くなってきた。

六二四年（武徳七）八月、頡利可汗と突利可汗は唐の原州（寧夏回族自治区固原県）に進攻した。秦王世民は一〇〇騎を率いて説諭して去らせた。頡利可汗は突利可汗と阿史那思摩《あしなしま》を派遣して講和を願ってきたので許し、唐は突利と思摩を懐柔し、頡利と離間をはかった。その翌年、頡利は一〇余万騎の軍で朔州（山西省朔県）に侵入し、太原がふたたび奪われたが、世民が出動すると、頡利は撤退した。

世民が即位の月（六二六年八月）、そのどさくさにつけこんで頡利はふたたび一〇万余騎の軍で進攻し、その腹心の執失思力《しつしつしりき》を入朝させて、唐の様子を探らせた。思力は一〇〇万の軍で来ているど豪語しておどした。そこで太宗はかつての和親の違約をなじり、強気に出て、思力を拘禁し、みずから玄武門を出馬し、六騎を従えて、渭水《いすい》（長安の北）にかかる便橋《べんきょう》のほとりまで出動し、頡利と河を隔てて直接違約をなじる大芝居をうった。頡利はその意気ごみに圧倒され、馬をおりて拝礼した。一方、頡利は大軍を出動させて威嚇した。太宗のこの強気を怪ぶむ者もあったが、太宗はこうしておかないとどこまでつけあがられるかわからないといい、この策こそ漢が匈奴を屈服させたこつであるといった。結局、頡利は太宗の意気ごみに呑まれ、和を請い、この月三〇日、便橋で白馬を斬ってその血をすすって盟約を結んだ。太宗のこの成功は突利を通じて突厥側の情報を適確につかんでいたためであった。このようにして太宗は即位直後のピンチをうまく切り抜けた。

頡利可汗は太宗と和睦してから、鉄勒《てつろく》（トルコ族）諸部にそむかれ、突利に討伐させたが失敗した。頡利は怒って突利を拘禁したので、突利はますます叛意をいだき、六二八年（貞観二）、頡利との不和を唐に訴え、頡利の討伐を請うてきた。翌年、鉄勒の薛延陀《せつえんだ》の夷男《いだん》が可汗号を称し、唐は夷男を真珠毗伽《しんじゅひか》可汗とした。薛延陀の周辺の鉄勒はみな夷男に従うようになった。

六三〇年（貞観四）正月、太宗は李靖を派遣して夜襲して頡利を破った。このとき頡利と親しい康蘇密《こうそみつ》は隋の蕭皇后と楊政道とともに唐に来降した。また李勣も突厥軍を大いに破った。しかし頡利はなお数万の軍を持ち、執失思力を派遣して謝罪し、挙国内附を請うてきたので、太宗はこれを慰撫した。一方、その年二月、李靖・李勣は頡利を討伐し、男女一〇余万、雑畜数十万を獲得した。その年三月、太宗は四夷の君長から天可汗《てんかかん》の称号を奉られた。その月、頡利は捕虜となって、長安に護送され突厥は滅亡した。太宗は違約を責めたが、これを許した。

太宗は突厥の処置に迷ったが、結局、突厥の降衆を幽州（今の北京）から霊州（寧夏回族自治区霊武）の間に置くことにし、突厥の故地には、都督府を置いて統治した。突利は順州（河北省北京市）都督に任命されたが、六三一年（貞観五）、来朝の途中死去した。太宗は頡利がふさぎこんでいるのを見て、虢州《かく》（陝西省宝鶏市）刺史に任命しようとしたが辞退し、六三四年（貞観八）死去した。

❖吐蕃との交渉

吐蕃（チベット）は唐代以前は中国と交渉がなく、その成立は五世紀ごろといわれているがよくわかっていない。吐蕃と隋唐との間には、鮮卑系の吐谷渾《とよくこん》が介在し、吐谷渾は隋代に最盛期を迎えていた。隋の煬帝は鉄勒（トルコ族）と呼応して吐谷渾を破ったが、隋末の反乱期に、伏允《ふくいん》が故地を回復していた。六三五年（貞観九）、唐の太宗は伏允を破り、伏允は自殺し、太宗はその子を擁立して保護政権をつくった。吐蕃は伏允の子にその王ソンツエン＝ガンポ（五八一～六四九）の娘が嫁していたので、その娘の子を立て、唐の立てた伏允の子を殺した。

六三四年（貞観八）、吐蕃王ソンツエン＝ガンポ（中国では棄宗弄讃《きそうろうさん》と書かれている）は太宗のもとへ遣使してきた。太宗が答礼使を派遣すると折返し求婚してきたが、太宗は拒絶した。ソンツエンは、太宗が吐谷渾には公主《こうしゅ》（皇帝の娘）を与える約束をしていたことを知って怒り、六三八年（貞観一二）、唐の松州（四川省阿壩蔵族自治州松播県）を攻撃した。そこで太宗は五万の軍で進攻すると、ソンツエンは兵を引き上げ、謝罪して、公主との婚姻を申し出た。太宗はこれを許し、六四一年（貞観一五）、文成公主（太宗の実の娘ではない）を、ソンツエンの子の

ラサ-ポタラ宮

グンソン＝グンツエンに嫁した。しかしグンソンはまもなく落馬して死亡し、ソンツエンが復位したので、六四六年（貞観二〇）、吐蕃の風習に従い、文成公主はソンツエンと再婚した。

ソンツエンは文成公主のために、中国風の城廓を築き、また公主がチベット風の赭《あか》い化粧を嫌うので、これを禁止した。しかしどこまで徹底したものかはわからない。公主は亡夫のために、ラモチエ（小招寺）を建て、唐から仏像をとりよせた。このため中国風の仏教も吐蕃に流入した。このほか毛織物の代わりに絹を着ることが流行するなどのこともあった。また吐蕃は長安の国学に留学生を送って中国文を習わせ、外交文書作成のために唐の文人を招くこともした。

❖玄奘とインド

貞観の初めのころ、三蔵法師の玄奘《げんじょう》は、唐を出発し、艱難辛苦のすえ、三年目にインドに到着した。しかしこれは太宗の意を受けたものでなく、密出国の旅であった。玄奘はインドで、大乗仏教の奥義を原典によって究め、仏跡を広く旅行した。当時のインドはヴァルダナ朝のハルシャ王（戒日王）が南インドを除く大統一を完成して盛期であった。玄奘は帰朝の前に、ハルシャ王の招待によって、全インドからの王公・大臣・高僧などの前で、一八日間にわたって説法をし、好評をえた。六四一年（貞観一五）、玄奘は帰途につき、太宗はじめ朝野大歓迎のなかを六四五年（貞観一九）に帰朝した。

太宗は玄奘に政務の補佐を望んだが、玄奘は辞退して大乗仏典の訳経に従事し、「瑜珈《ゆが》論」以下七六部一三三五巻を訳了した。その訳経した寺が長安の大慈恩寺（太子治が長孫皇后のために六四八年建立）で、そこの今も残る七層の大雁塔《だいがんとう》には褚遂良《ちょすいりょう》の名筆の「大唐三蔵聖教序」があり、太宗自撰の文である。また玄奘が旅行中に見聞した中央アジア・インドなど一四〇国のことを地誌風にまとめた『大唐西域記』一二巻、日記風の『大唐大慈恩寺三蔵法師伝』一〇巻は、いずれも克明に書かれており、当時のインドのことはもとより、この後ながく中央アジア方面の地理書として権威を保った。

玄奘を通じて唐のことを知ったハルシャ王は、六四一年（貞観一五）、太宗のもとへ使者を派遣してきた。玄奘の高い人格にうたれての結果であろう。太宗も答礼使を派遣した。その副使が王玄策である。王玄策はふたたび六四七年（貞観二一）、ハルシャ王のもとへ行ったが、そのとき、ハルシャ王はすでに死去し、玄策の到着をこばんだ。そこで玄策は吐蕃やネパール（泥婆羅）の力をかりて、王位を簒奪していた阿羅那順《あらなじゅん》を捕らえて帰ってきた。この経過から見て、玄策は吐蕃・ネパール経由でインドへ行ったらしい。

❖高昌・朝鮮・日本

天山山脈の東南麓の吐魯番（新疆ウイグル自治区）の住民にはイラン系が多かったが、五世紀中ごろ、漢人の植民国家が成立し、五世紀末に、麹《きく》氏高昌国が成立し、中国風の年号を立て、六二三年（武徳六）には麹文泰が王となった。場所がら西突厥との交渉も深かった。前世紀末以来、中央アジアへの各国探検隊は多数の出土品をここから祖国に持ち帰った。文化大革命期間にも、ここからは多数の出土品があった。

「大唐三蔵聖教序
太宗撰文、褚遂良書拓本

太宗は高昌が唐と中央アジア諸国との交渉を妨害しているとした。とくに太宗は伊吾《いご》（高昌の東）が唐に内属したのを、高昌が西突厥と結んで攻撃したことを責めた。また焉耆《えんき》（高昌の西）も高昌が西突厥と結んで攻撃してきたことを訴えたので、太宗は高昌出兵を決意した。

六四〇年（貞観一四）八月、侯君集の率いる唐軍は高昌に到達した。王の麴文泰はちょうど病んで死に、子の麴智盛が王をついだところであった。高昌は唐に敗れ、西突厥の援軍もかまえを見せただけで、唐軍の勢威をおそれて退いた。ときに高昌は八〇四六戸、一万七七〇〇の人口があった。唐はその地を西州とし、属県を置き、さらに安西都護府を置き、羈縻《きび》統治を開始した。州県の長官に現地の首長を任命して世襲させ、その上に漢人の都護が都護府によって間接統治を行うのである。これが以後、唐の異民族統治のパターンとなり、次代の高宗から則天武后のときに六都護府の設置となって発展していく。

隋の煬帝の三次にわたる高句麗遠征は、隋滅亡の原因となったが、撃退した高句麗の方も被害が大きく、再建に苦しんだ。六一八年、唐が興ると、高句麗・百済・新羅はともに唐に遣使した。唐の高祖が、六二二年（武徳五）、高句麗に残存していた中国人の送還を求めると、一万人を送ってきた。高祖は、六二四年（武徳七）、朝鮮三国の遣使に答えて、高句麗王に上柱国・遼東郡王を、百済王に帯方郡王を、新羅王に柱国・楽浪郡王の称号を与えた。王・郡王などにすることを冊封《さっぽう》とよんでいる。これも一つの唐の異民族対策である。しかし朝鮮三国内ではたがいに他国の侵入を唐に訴え、高句麗遠征に一応の名分を与えたような状況は以後もつづいた。

六三一年（貞観五）、太宗は隋の高句麗遠征のときの戦死者の遺骨の収集を高句麗に依頼し、同時に京観とよばれていた高句麗の忠霊塔の破壊を命じた。太宗の高句麗に対する強硬策のきざしである。そこで高句麗は扶余城《ふよ》（吉林省農安）から渤海湾にかけて一〇〇〇里にわたる長城を構築して、唐の侵入に備えた。

しかしまた朝鮮三国の間では、唐への留学熱が高まり、六四〇年（貞観一四）、長安に外国人留学生が八〇〇〇人いたといわれるが、そのなかに相当多数の朝鮮三国出身者がいて、唐の文化を熱心に吸収しようとしていた。

六四二年（貞観一六）、高句麗の大臣の泉蓋蘇文《せんがいそぶん》はクーデターをおこして栄留王を殺した。これをきっかけにして、また高句麗と唐の間に暗雲がただよいはじめ、ついに太宗の高句麗遠征となるが、それは次章にゆずる。

隋代では倭とよばれていたわが国も唐代のいつのころからか日本とよばれるようになる。日本は六三〇年（貞観四、舒明天皇二）、第一次遣唐使として、遣隋使の経験のある犬上御田鍬《いぬがみのみたすき》を派遣した。そして翌々年、唐の答礼使の高表仁が留学僧の旻《みん》とともに日本に来た。しかし高表仁は、太宗の命を直接伝えないまま帰国した。

六三九年（貞観一三）から翌年にかけて、わが国の南淵請安《みなみぶちのしょうあん》・高向玄理《たかむこのくろまろ》ら留学生がぞくぞく帰国した。これはこのころ唐と高句麗の間が緊張しはじめたため、留学生を引き上げてこれに対処しようとしたのであろう。六四五年（貞観一九、大化元）、太宗の高句麗遠征が始まった年、わが国で大化改新が断行されたことは、当時の東アジア形勢から大局的に見ると、この緊張関係に対応するわが国の姿勢であったと理解され興味深い。

大化改新の意図は唐風の律令政治が模範であった。しかし大化改新がただちに律令政治の実施ではなかった。だが、そのころすでに唐の律令政治を知悉《ちしつ》し、やがて唐風の律令が編纂される基礎が大化改新にあったことは間違いない。

VI

太宗の晩年

長孫皇后と太子廃立

❖行きとどいた女性

太宗の長孫皇后は北魏帝室の長であった長孫氏の出身である。長孫氏は祖先四代にわたって北朝の大官に栄進し、父の長孫晟《せい》は文武の道にすぐれ、隋では左驍衛《さぎょうえい》将軍（左驍衛の次官）に進んだ。母は貞観時代に大官を歴任した高士廉（諱《いみな》は倹）の妹である。皇后は父の死後、兄の長孫無忌《むき》とともに士廉の家で育ったが、兄の長孫無忌が太宗と竹馬の友であった関係から、一三歳で太宗に嫁した。六一三年（大業九）世民一六歳のときのことである。

高祖の武徳末、世民（太宗）と太子建成との間がうまくいかなかったときも、妃は高祖によく仕えた。また妃は、世民が高祖の諸妃たちに評判がよくなかったときも、その間をうまく動きまわった。玄武門の変のときには、武器までくばってかいがいしく働き、そのため太宗とその部下の間が円滑となった。変後、皇太子妃となり、そしてまたにわかに皇后となった。彼女は倹約家で、衣服も質素なものを用いた。またたえず読書をした。宮廷で太宗の怒りにあう者があると、その怒りを解いてやり、また無実の罪を受けることがないようにたえず気を配っていた。卞嬪《べんひん》という妃が豫章公主を産んで死んだが、皇后は公主をわが子のように可愛がった。また妃たちの面倒もよく見たので、諸妃たちもその徳を慕った。

太宗は皇后に深く傾倒し、なんでも相談していたようである。あるとき、太宗は賞罰について皇后に相談した。それに皇后は答えて、

牝鶏《めんどり》が晨《あさ》を告げるのは家の終わりです。妾《わたし》は政事に干与はいたしませぬ（『旧唐書』太宗文徳順聖皇后伝）。

といった。太宗は皇后の兄の長孫無忌を、貞観のはじめ、吏部尚書から、尚書右僕射に任じ、宰相にしようとした。すると皇后はこのような人事は外戚専権の弊の始まりゆえ行うべきではないと、極力その中止を請うた。太宗は彼女のことばに従い、皇后の死後も、貞観末まで無忌を宰相に任じなかった。

皇后の異母兄に長孫安業というものがあったが、素行が悪く、その父の喪に皇后と無忌を家に入れなかった。皇后はもとより安業をとりたてようとはしなかったが、将軍に抜擢され、のち謀反をおこし、死刑と決まった。皇后は死刑を許す必要はない。しかしいま、法律通りに死刑にすれば、世の中の人は安業が以前に父の喪に皇后を家に入れなかったことを皇后が恨んでのことというだろう。それでは太宗にもわざわいが及ぼうといって、死刑を流刑に減刑しても

らった。このように万事に行きとどいた女性であった。

六三六年（貞観一〇）、皇后はまだ三〇代の若さで病におかされた。皇太子承乾は皇后に、

医薬はできるだけのことはいたしましたが、尊体は快方に向かいませぬ。どうか囚徒を赦《ゆる》し、あわせて度牒《どちょう》（僧となる許可書）を特別にお与え下されば、福祐を蒙《こうむ》ることができましょう。

といった。すると皇后は、

死生は天命であり、人力でどうかなるものではない。もし福を修めて命を延ばすことができるのなら、わたしはもともと悪事はしておりません。もし善事を行っていて効き目がないなら、福など求める必要はありません。赦令は国の大事、仏道は異国の教え、いずれも皇帝のなすべきことではありません。わたしのような一婦人のことで天下の法は乱せません。

といったので、太宗はそれを聞いて感嘆し、太子承乾の願いは取り上げられなかった。しかし皇后は危篤に陥り、太宗に最後の別れを告げた。ちょうどそのとき、房玄齢は太宗の怒りにあって、自邸にひきこもっていた。皇后は、

玄齢は久しく陛下にお仕えし、奇計秘謀を出してくれました。大きな過失がなければ、そのままにしておいてはいけません。またわたしの里方は陛下のお恵みでたいした徳もない

のに、高禄をいただいております。これでは禍《わざわい》を受けやすいかと思います。決してそれらを権要の地位におつけ下さいませぬよう。ただ外戚として必要なときにはお召し出し下さい。またわたしは生前なんのお役にもたっておりません。死んでも手厚いお葬式はして下さいませぬよう。どうか山を利用して塚を造り、新しいお墓はお造り下さいますな。また丁重な二重の棺は造らず、副葬品は焼物と木製にし、質素なお葬式をして下さいますことが、わたしをお忘れにならないことです。最後にもう一度申し上げます。忠言諫言はよく受けいれ、讒言《ざんげん》をおいれになりませぬよう。狩猟と大土木工事をくれぐれもお慎み下さればわたしは死んでも恨みはありません。

と遺言して死去した。ときに年三六歳であった。

皇后は生前に『女則』一〇巻を作り、昔の婦人の美事を集めていたことが死後になってわかった。太宗はこの書物を見て慟哭《どうこく》し、「一良佐」を失ったと嘆き悲しみ、「文徳」という最高の諡《おくりな》を与えた。

❖太子承乾

太宗と文徳長孫皇后との間には、承乾《しょうけん》・泰・治の三子があった。さすがの太宗も後嗣のことでは悩みぬき、最後は自殺まではかった。

長男の承乾は太宗の即位のとき皇太子となった。ときに八歳であったから、六一九年（武徳二）の生まれである。

承乾は生まれつき「聡敏」とか「敏恵」とあり、太宗は承乾をはじめ可愛がっていた。政務を執らせてみてもうまく処理し、太宗は行幸ごとに監国として政務を代行させていた。しかし長ずると、音楽・女色・漫遊を度はずれて好んだが、太宗には知られないようにし、表向きは忠孝の道を唱えていて、退朝すると不逞《ふてい》の輩たちとなれ親しんでいた。諫言する者があると、謹んで聞き、うまく自己批判するので、諫言した者はその聡明さに感心し、承乾の本心はわからなかった。太宗は承乾に諫言する者に金帛を賜って奨励したが、承乾は改心せず、あげくのはては、諫言する者の殺害をくわだてるようになった。そのうえ、承乾は足疾を患い、歩行が困難となってきた。それにひきかえ、次弟の泰は賢いという評判がたち、太宗の愛情は泰の方に移っていった。そこで承乾は太子を廃されることを恐れ、承乾・泰の兄弟仲も悪くなり、また承乾・泰ともに後援をたのんで争うようになってきた。

承乾は一〇余歳の容姿の美しい楽人を称心《しょうしん》（気に入り）と名づけて寵愛していた。太宗はそれを知って怒り、称心を殺してしまった。承乾は称心のことを泰が太宗に告げ口したに違いないと思ってうらんだ。そして称心を哀惜してやまず、宮中に室を作って称心の像を安置し、官を贈り、碑を建て、墓を作り、朝夕お祭りをし、またそのお墓のあたりをうろついて涙を流していよいようらみ、ついに朝廷に数か月も参上しなくなってしまった。

また奴隷数十人に胡人風のまげをつけて音楽を習わせ、剣舞を昼夜ひっきりなしにやった。さらに大きな鼎《かなえ》を作り、牛馬を奴隷に盗んでこさせ、承乾は自分でそれを鼎で煮て、かわいがっている奴隷たちといっしょに食べた。また突厥語《トルコ》と突厥の服装を好み、突厥人に似たものを選び出し、羊の皮衣を着せ、髪も突厥風の弁髪にし、五人一組で突厥風の生活をして羊を飼い、自分もテント生活をし、みずから突厥の可汗となって死んだ真似をし、突厥式の葬式をやらせる始末となった。そして「自分がもし天子となったら、やりたい放題をし、諫める者五〇〇人くらい殺してやろう。そうすれば静かになろう。」と放言し、刺客を使って、泰の暗殺をはかったが失敗した。

❖魏王泰と晋王治

太子承乾の次弟の泰は幼いときから文章が上手という評判で、六三六年（貞観一〇）、魏王となり、相州総管を遙領《ようりょう》（現地に赴任しないまま官に就くこと）した。濮《ぼく》王泰ともいわれるが、これは晩年（六四七）に、濮王に封ぜられたからである。

太宗は泰が文章が上手なうえに学者を好むのを見て、そのためとくに文学館を置いてやって、泰の好む学者をその学士とした。泰は腹が大きく拝礼が困難で、とくに許されて小さい輿《こし》を用いて朝参した。魏王府の役人は泰に著作をすすめた。そこで泰は多くの学者や他の役所の協力を得て、『括地志《かっちし》』五五〇巻という膨大な中国全体の地誌の編修を始めた。すると、これに協力を申し出る人たちが殺到してきて大騒ぎになった。そこで完成を急ぎ、四年で終了した。これは秘書省に所蔵されることになり、沢山のほうびをもらった。太宗はこの完成をことのほか喜び、六四〇年（貞観一四）正月、長安の延康坊（西市の東南）にある私邸に行幸し、そこを管轄する長安県の罪人に減刑の恩典を与え、延康坊の住民のこの年の租を免除した。また月々の手当も太子承乾以上であるというので、太宗は諫議大夫の褚遂良に諫められた。太宗はさらに泰を宮城内の武徳殿にとくに住まわせた。しかし魏徴にそこはもと斉王元吉（太宗の弟で玄武門の変で殺された）のいたところでよくないと諫められてやめた。以上のように太宗の愛情が太子承乾から泰に移っていったところに後の波瀾の原因があった。

泰の弟の治は六二八年（貞観二）に生まれ、六三一年（貞観五）、晋王になった。この人は二人の兄とは違い、おとなしく孝行であることがとりえであった。

はじめて『孝経』を教えられたとき、太宗がこの書物の要諦は何かとたずねると、それに答えて、

孝は親に事《つか》えるに始まり、中ごろは君主に事え、最後は立身である。君子のなすべきことは、上は進んで尽忠を思い、退いては過失を補うことを思い、まさに美に順い、悪を匡《ただ》し

救うことにあります。

といったので、太宗は大いに喜んで、

行いは、父兄によく事え、りっぱな臣子となればそれで充分だ（『旧唐書』高宗紀）。

といった。

母の長孫皇后がなくなったとき、治はやっと九歳であったが、その哀慕のようすは左右を感動させ、太宗はしばしばとくに慰めた。治は兄たちとちがったこの孝行のため深く太宗に寵愛されるようになった。

太宗には以上述べた文徳皇后との間の承乾・泰・治のほかに、諸妃の間に生まれた一一人の親王と、二一人の公主（皇女）があった。また太宗は六三六年（貞観一〇）、長孫皇后に先立たれてから、もと斉王元吉の妃であった楊氏を皇后にしようとしたが、魏徴に諫められて取り止めた。

❖承乾から治へ

太宗は表面は理想的な君主として政治に臨んでいたが、後嗣問題を中心に宮廷内はゆれ動いた。とくに隋の煬帝も兄の太子勇を廃してその位を奪っており、太宗自身も兄の建成を殺して帝位についていることを思うと、後嗣のことは太宗にとってまことに深刻かつ痛切な問題であった。

太子承乾は、前述のように、長ずるにつれて行いが常軌を逸し、そのうえ足疾があった。それに反して、魏王泰はますます賢いという評判が高くなるにつれて、みずから奪嫡を考えるようになった。そしてますます人望を高めようとして、泰は賄賂《わいろ》を使ってまでその聡明さの宣伝を始めた。そこで太子承乾は魏王府の役人と偽って、泰の悪事を太宗に告げ、泥試合となってきた。

太子承乾は高昌遠征などで武勲があるのに不満の多い侯君集と結んだ。君集は太子承乾にやがては隋の太子勇のような目にあいましょうとあおりたてた。承乾はまたおじの漢王元昌、おばの長広公主の子の趙節、名臣杜如晦の子で太宗の娘むこの杜荷らを仲間にひきこんだ。杜荷は、太子承乾が急病で危篤だといえば、太宗は自身で見舞いにやってくるに違いない。そのとき、思いきって大事を決行しましょう、とけしからんことをいい出した。たまたま承乾の異母弟の斉王祐《ゆう》が反乱をおこし、それに連座した者が太子承乾の謀反の計画を告発した。長孫無忌が太子承乾を取り調べ、罪状明白になった。太宗は太子承乾の処置を臣下に問うと、命だけは助けたほうがよいというので、承乾の太子は廃して幽閉し、漢王元昌は自殺させ、侯君集・趙節・杜荷らが死刑にされた。同時に、東宮府の役人も官爵を奪われて、庶民にされた。しかし于志寧《うしねい》だけはしばしば太子承乾に諫言していたので許された。ときに六四三年（貞観一七）四月六日のことである。

太子承乾がこのようにして廃立されると、魏王泰は太子の座は当然自分に廻ってくると思い、太宗も公然とそれを認める有様となった。しかし長孫無忌はこれと異なって、晋王治を太子にすることを強く太宗に請うた。そこで魏王泰は自分が太子になることができれば、自分の子を殺しても、後は晋王治に譲りたいと申し出た。そこで褚遂良は太宗に「そのようなことをしてはなりませぬ。自分の子を殺すことなどできるものではありません。だいたい、陛下がいったん承乾を太子にしておきながら、魏王泰を可愛がり、その待遇は太子承乾を上まわっておりました。これが今日の禍の原因です。陛下がほんとうに魏王泰をお立てになるお積もりならば、晋王治を処置してからにしていただきたい。」といった。それに対して太宗は「そのようなことはできない。」といって宮中にはいってしまった。

一方、魏王泰は、晋王治が太子承乾と結んでいたおじの漢王元昌と仲のよかったことを種に晋王治を脅迫した。それを聞いた太宗は魏王泰を太子にすると認めたことを後悔した。また承乾は、「わたしは魏王泰に謀られ、自安の術をはかったまでであり、また不逞の輩が自分をそそのかしたこともあり、いま、泰が太子になれば、わたしはその術にかかったことになる。」と太宗にいった。

太宗は信頼する長孫無忌・房玄齢・褚遂良の三人だけを自分の側に残し、

わしの三子（斉王祐・廃太子承乾・魏王泰）一弟（漢王元昌）がこのようでは、もう何に頼ってよいかわからない。

と自暴自棄な言葉をはいて、突然ソファーの上に倒れこんでしまった。無忌らがあわてて進んでかかえおこそうとすると太宗は佩刀《はいとう》を抜いて自殺をはかった。遂良がその刀を奪って晋王治にわたした。無忌が太宗の意志をたずねると、太宗は「晋王治を太子に立てたい。」といった。そこで無忌は、

謹んで詔を奉じて晋王治を太子に立てる。異議のある者はわたしが殺してしまう。

ときっぱりいったので、ここに晋王治の太子は決定した。太宗はそれでもなお気にして、世評をたずねると、無忌は、

晋王治の仁孝には天下の者が心を寄せております。

というので安心した。それは太子承乾が廃された翌日のことである。ときに治は一六歳であった。

おとなしく孝行であるだけがとりえの治に太子の座が舞いこんだ。もともと優柔不断な治は、太宗の死後、即位して高宗《こうそう》となると、まもなく政治は気の強い則天武后にまかせ、武后のために唐は一時中断することになる。

高句麗遠征

❖遠征の決定

六四一年（貞観一五）二月、太宗は泰山《たいざん》（山東省）に封禅《ほうぜん》という太平を天に感謝する特別の大祭を行った。このことからすれば、太宗は一応、所期の成果があがったと自覚していたようである。しかし内には太子問題をめぐって暗雲がただよっていた。そのために太宗は隋の煬帝が失敗した高句麗問題を解決して、その治世の画龍点睛とし、人民にその治世を謳歌させたいと思ったのも無理がない。しかしここに大きな陥穽《かんせい》があった。

太宗の野望に応ずる好機が高句麗側におこった。六四二年（貞観一六）一〇月、高句麗の泉《せん》蓋蘇文《がいそぶん》は王宮に乱入して栄留王を殺し、その遺骸を切断して溝に捨て、王の弟の子を立てた。これが宝蔵王《ほうぞうおう》蔵《ぞう》である。蓋蘇文自身は莫離支《ばくりし》となって、軍事行政の両権を握った。蓋蘇文は容貌魁偉《かいい》で身に五刀を佩《お》び、馬に乗るときはその官属を踏み台にした。またその外出先は通行が禁止されたが、人々は彼をおそれ避けて逃げ匿れたという。

太宗はこのクーデターを聞き、封国の危機とばかりに、出兵を考えたが、高句麗の喪中に討伐するのはよくないと一応自重し、翌年閏六月、宝藏王をひとまず遼東郡王・高麗王に封じた。

太宗は高句麗遠征を急いだが、長孫無忌は「蓋蘇文は自身で罪の大きなことを知っており、唐の討伐を恐れ、守備を厳重にしていましょう。陛下がもう少し隠忍自重されるならば、彼は安心し、驕惰《きょうだ》の心が高まり、さらに悪事を働くでしょう。それから討伐しても遅くありません。」と慎重論を述べたので、一応それに従った。

しかし新羅は、唐に使をつかわして、百済が高句麗と連繫して新羅を攻撃し、新羅の四〇余城を奪い、新羅の入唐の道を妨害しているので救援していただきたいといってきた。そこで太宗は、それぞれ戦いはやめるべきだ。しかしなお百済が攻撃してくるなら、明年（六四四、貞観一八）出兵しようと言明した。そこで太宗は使者として、相里玄奨《しょうりげんしょう》を高句麗に送り、高句麗が新羅を侵略したことを詰問した。しかし泉蓋蘇文は、これは隋の高句麗遠征のときに新羅から侵略されたからで、その土地を返さない限り、新羅出兵はやめないといった。それに対して玄奨は「昔のことをいうのはやめよ。昔のことをいうならば、いまの高句麗の地はもとは中国の郡県であった。しかしこっちは何もいわぬではないか。高句麗だけの失地回復は許せない。」といったが、高句麗はその言に従わなかったので、玄奨は帰ってそのことを太宗に報告した。そこで太宗はどうしても高句麗を討伐するといった。褚遂良は失敗したときのことを思って太宗に思い止まるよう諫言した。しかし李勣《りせき》は、「薛延陀《せつえんだ》が進攻してきたとき、魏徴が出兵を諫止したが、そのためいまになっても外患となっている例もあります。」というので、太宗も「物にはときというものがある。蓋蘇文の暴虐には人民が救援を待望している。いまこそ高句麗を滅ぼすべきだ。」といって、議論の完全にまとまらないうちに、高句麗遠征の断行を決定した。

❖遠征へ

六四四年（貞観一八）七月、四〇〇隻の船を調達し、軍糧を輸送し、営州（遼寧省朝陽）都督の張倹に、幽州・営州両都督府の兵と契丹《きったん》・奚《けい》・靺鞨《まつかつ》の外人部隊を派遣して、まず偵察を行った。九月に、高句麗の蓋蘇文が使者に白金を献上させて、これも偵察をしにきたが、太宗は使者を叱りつけて、獄に繋《つな》いだ。

その年一一月、太宗は洛陽に行幸し、隋の高句麗遠征の経験のある者から意見を徴した。その意見は「遼東の道は遠く、軍糧の輸送は困難である。そのうえ、東夷は守城が巧みで、なかなか攻め落とせません。」というのであったが、太宗は「いまは隋とは比べものにならない。」と強気であった。しかし先に行った張倹の軍は遼河が増水していて渡河できず、洛陽に召還された。この月、刑部尚書の張亮《ちょうりょう》を平壌道行軍大総管として水軍を率いさせ、江・淮など南方の兵四万をもって山東半島から平壌に向かわせ、太子詹事《せんじ》の李勣を遼東道行軍大総管とし、歩兵騎兵六万に外人部隊を加えて、進撃させた。太宗は、「昔、煬帝はその人民を虐待したのに対し、高句麗王はその人民を愛していたために、煬帝の遠征は成功しなかった。いまは必勝の道が五つもある。⑴大を以て小を撃つ。⑵順を以て逆を撃つ。⑶治を以て乱に乗ず。⑷逸を以て労を待《あしら》う。⑸悦を以て怨に当たる、以上の有利な点があるから必ず勝つ」といって激励した。

翌年（六四五）二月一二日、太宗は洛陽を出発し、三月九日、定州（河北省定県）に到着した。太宗は太子治を監国（皇帝代理）に任命したが、一八歳の気の弱い太子治は、太宗との別れを惜しんで数日泣き続けた。太宗は、「治国の要点は賢者を取り立て、不肖者を退け、善を賞し、悪を罰し、公平無私に努力することにあるのに、なぜ泣くのか。」といって、母方のおじの高士廉ら有力な臣下に太子の補導を委託して、三月二四日定州を出発した。この地において太宗は自分で弓矢をつけ、雨衣を鞍の後に結びつけた。

❖進撃と退却

四月一日、李勣は遼河を渡った。高句麗軍は城邑を閉ざして守備した。一〇日に、軍の食糧・武器・記録などの中心政務を取り扱っていた宰相の岑《しん》文本が疲労のあまり、発狂してにわかに没した。一五日、遼東城（遼寧省遼陽）の東北の蓋牟《がいぼう》城を攻め、二六日、これを陥落させ、捕虜二万人余と食糧一〇余万石を獲得した。このころ、張亮の率いる水軍も進撃し、五月になると、李勣軍の一部は鴨緑江を渡った。このころ太宗は遼沼とよばれる二〇〇余里にわたる泥沼にはまりこんで進めず、土を盛り橋をかけてやっとそれを越した。五月八日、高句麗の歩兵騎兵四万が遼東城の救援にかけつけ、唐軍は四〇〇〇騎で要撃したが、遼衆寡《しゅうか》敵せず、持久戦にはいって太宗の到達を待った。強敵が現われてこそ勇士の働き甲斐があると進撃する者もあり、強敵に逢って敗走する者もあったが、李勣がこれを援けて、高句麗軍を破った。五月一〇日、太宗は遼河を渡り、橋をこわして、士卒に必死の決意を示した。太宗は土木工事を視察したとき、馬でみずから重い荷物を運んだ。李勣は昼夜一二日間にわたって遼東城を総攻撃し、一七日、火攻めをかけて勝ち、一万余人を殺し、兵一万余と男女四万人を捕虜にし、その地に遼州を置いた。

六月一一日、太宗は遼東城を出発し、二〇日、安市城（遼寧省蓋県）下にいたった。翌日、高句麗は靺鞨《まっかつ》の援軍とともに、一五万の兵で、安市城の救援にきた。太宗は直接指揮をとった。二二日、雷電に乗じ、ようやく高句麗軍を破り、斬首二万余級を得た。しかし高句麗軍はなお抵抗し、二三日になって、三万余人が降伏してきた。太宗は、そのうち靺鞨兵三三〇〇人を穴埋めにした。高句麗の援軍は数百里退いた。太宗は太子治に手紙を送って、「朕《ちん》が将となればこのようだ。どんなものかね。」といった。

七、八月、安市城包囲戦線は膠着《こうちゃく》したまま過ぎ、九月を迎えた。安市城の守りはあまりに固いので、その攻撃を放棄し、進撃している張亮の水軍と呼応して、一挙に平壌を突くべきだという意見があって、太宗もこれに従おうとしたが、長孫無忌に親征は万全の策を取るべきだと諫められて取り止めた。唐軍は安市城を急襲した。太宗は城中の鶏や豚の声を聞き、李勣に、「城をずっと包囲しているので、城中の煙火も日に日にかすかになってきた。いま鶏や豚の声がさわがしくなってきたのは、きっと士卒にご馳走をしておいて、夜襲をさせる積もりにちがいない。防備を厳重にせよ。」といった。果たしてその夜、高句麗兵数百人が縄を下げて降りてきた。太宗はこれを聞くと、みずから城下に進んで襲撃し、数十級を斬首したので、高句麗軍は退いた。

江夏王道宗(曽祖父李虎の孫)は土山を安市城の東南隅に築き、じりじり城壁に迫った。城内も城壁をどんどん高くしてこれを防いだ。士卒はかわるがわる交戦し、一日に六、七度も戦った。車礮《ほう》石(車につんだ石の玉か)をぶつけて敵の物見台をこわすと、城内は木柵でそのやぶられた所をふさいだ。道宗のつくった土山は六〇日間延べ五〇万人の労力で、その山頂は城壁より数丈離れ、城壁を見下せるようになった。しかしその土山がにわかに城壁の方へ崩れかかり、城壁をおしつぶした。するとそこから高句麗兵数百人が出てきて、土山は高句麗軍に奪われた。それを唐軍は三日間猛攻したが、奪回することはできなかった。

東北の冬は早い。もう草も枯れ、水は凍り、軍を留めることはむつかしくなった。そのうえ食糧も乏しくなってきた。九月一八日、安市城を攻めあぐんだまま、太宗は引き上げを命じた。李勣と江夏王道宗が四万の兵で殿軍《しんがり》をつとめた。

九月二一日、太宗は遼河を渡った。また泥沼で車馬が通らず、草を刈って道に埋め、水の深い所は車で橋をかけ、太宗も手伝った。一〇月一日、大吹雪に遭い、士卒は凍えて死者が続出したため、沿道に火を燃やして待機させた。太宗はこの戦いの不成功を後悔し、「魏徴がもし生きていたら、わたしにこんなことはさせなかったろう。」といって、魏徴を疑って一度倒したその石碑をまた建てさせ、魏徴の妻子をねぎらった。一〇月二一日、途中まで出迎えた太子治に逢い、三月定州で別れて以来、着たままのぼろぼろになった衣服を太子治に見せ、ここで初めて取り替えた。一一月二二日、定州に着き二八日そこを出発した。一二月七日、太宗は癰《よう》（悪性のできもの）にかかり、歩輦《ほれん》（こし）で行くことになった。長期の戦線の疲労のためであろう。一二月一四日、唐室発祥の地、并州（山西省太原）に着いた。太子治は太宗のために癰のうみを口ですすった。一七日になってようやくその傷がなおった。太宗はこの地でしばらく休養し、翌年二月二日に発ち、三月七日、ようやく長安に帰った。しかし太宗は完全には回復せず、養生を続けねばならなかった。そのため、三月八日、政務は太子治に委ねることになった。太子は東宮で政治を開き、終わると、太宗の病床につききりであった。太宗はかえって心配し、ゆっくり休息するように忠告したが、太子はそれでもそばを離れなかった。

❖晩年の一大汚点

太宗が長安に帰って病いを養っていた五月（六四六）、高句麗は謝罪使を派遣して、二美女を献上したが、太宗は受けなかった。その後も高句麗の泉蓋蘇文は驕慢《きょうまん》で、いつも国境の警戒をおこたらなかった。また高句麗は新羅への進攻をやめないので、ふたたび唐は高句麗出兵を考えるようになった。

六四七年（貞観二一）二月、太宗はふたたび高句麗遠征を考えた。当時の朝議は次のようであった。

高句麗は山に依って城を築き、攻めてもなかなか抜けない。先に太宗の親征があり、高句麗人は農耕ができず、そのうえ唐の占領した城はすっかりその穀物を押収されてしまい、それに加えて旱害《かんがい》がひろがり、高句麗人の大半は食糧が欠乏している。いまもし小軍を派遣してその境域を攪乱《かくらん》すれば、彼は奔命に疲れ、鋤《すき》を捨てて城堡にはいり、数年の間で、国土は荒廃し、人心は離反し、鴨緑江の北は戦わないで手にはいる。

太宗はこの意見に従い、再度、高句麗遠征を開始させた。このたびも水陸両軍に分け、水軍は牛進達が率い、陸軍は李勣が率いた。五月に、李勣は遼河を渡って進み、七月には、牛進達も高句麗に進撃して、多少の戦果をあげたものの、それは攪乱しただけに終わった。太宗はこの年も中風を病み、長安の暑さに苦しんだ。この年一二月、高句麗王はその子を派遣して謝罪したので、太宗は許した。

しかし翌六四八年（貞観二二）正月、太宗は三たび水軍三万で高句麗に進撃させた。

この年六月、明年を期して三〇万の大軍で一挙に高句麗の覆滅《ふくめつ》をはかろうとした。それには二年分の食糧が必要であるが、それは陸路では困難だから、水軍で輸送する計画を考えた。そのための造船地に剣南（四川省）が選ばれた。その理由は、この地は隋末以来反乱もなく、最近の高句麗遠征にも従軍させられていなかったからである。

この年七月、房玄齢は死を目前にひかえて、高句麗遠征の無益なことを諫言した。そのなかでこの遠征は、高句麗が臣節に違失しているわけでも、中国に侵攻しているわけでも、他日中国の憂患となるわけでもないのに、ただ前代の恥をそそぎ、新羅のために仇を報いてやるというのは、得る所が少なく、失う所が大きいといっている。これは、この問題の本質をよく洞察した痛切な諫言であった。

その翌年（六四九年、貞観二三）五月、太宗は遺詔をもって高句麗遠征をやめた。これらの遠征は太宗晩年の一大汚点となり、高句麗・百済の討滅は太子治の即位後のこととなった。

太宗の最期

❖『帝範』と功臣たちの死

六四八年（貞観二二）正月、太宗はまだ五二歳であったが、四年前の高句麗親征がよほどその体にこたえたようで、帰還してから病床に臥すことが多くなった。それにつけても気がかりなのは、意気地《いくじ》のない太子治のことである。そこで太子に垂れる訓戒をまとめたのが『帝範』一二篇である。これは、中国では早く散逸したが、わが国では幸いに平安時代以来伝わっていまに残っている。君体・建親・求賢・審官・納諫・去讒《きょざん》・戒盈《かいえい》・崇倹・賞罰・務農・閲武・崇文の一二篇であるが、内容にとくに新味があるものではない。ただこの『帝範』を太子治に賜わるにあたっての言葉は、太宗晩年の自己批判も含まれていて興味があるので次に紹介しておこう。

汝《なんじ》はこれ以上は古《いにしえ》の哲王を師とすべきで、私などは手本にはならない。手本を上に取ると、やっと中が得られ、手本を中に取ると、下となってしまう。私は即位以来、善くないことを多くやってきた。錦繡《きんしゅう》珠玉を前に絶やさず、宮室台榭《だいしゃ》の造作をしばしば行った。また犬馬鷹隼《はやぶさ》を遠方から取り寄せ、四方を巡幸し、人民に迷惑をかけた。これらはみな私の過失で、見習ってはいけない。しかし私には人民を救済し、唐室を創業した功績も大きい。利点が多く失点が少ないから、人民は怨まず、功績が大で欠点は少ない。故に大業を失わなかったのである。しかしこれを最美最善に比べると、恥ずべき点が多い。汝は私のような功績も努力もなしに私の富貴を承けつぐ。一生けんめい努力すれば、国家はなんとか安泰であるが、おごりたかぶってぜいたく勝手気ままをやれば、自分の身さえ保てない。成功は遅いが失敗は速いのが国であり、失いやすく得難いのは天子の位である。くれぐれも慎重にやってほしい（『資治通鑑』貞観二二年正月）。

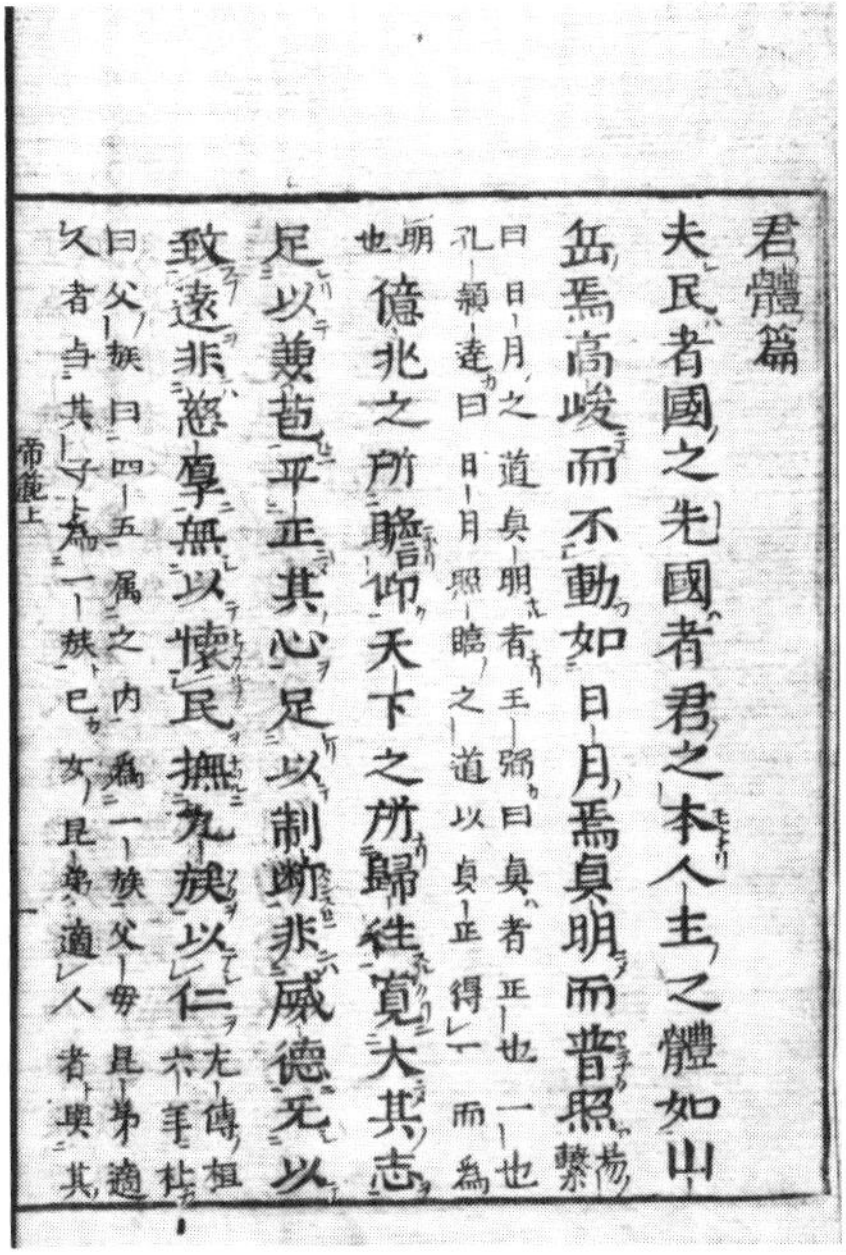

君體篇
夫民者國之先國者君之本人主之體如山
岳焉高峻而不動如日月焉貞明而普照
曰日月之道貞明者也王弼曰貞者正也一也
孔穎達曰日月照臨之道以貞正得一而為
明也
億兆之所瞻仰天下之所歸往寬大其志
足以兼苞平正其心足以制斷非威德無以
致遠非慈厚無以懷民撫九族以仁

『帝範』唐太宗撰

太宗は自分の一生をふりかえると、とくに心配になるのは、自分のような努力なしに、帝位につく太子治のことであった。とくに隋の煬帝が失敗した高句麗遠征を自分が完遂してやろうと思って失敗したことは骨身にこたえていたのであろう。太子治を見ると、食事には農民の苦労を思えと説き、舟を見れば、水を人民にたとえ、舟を載せるのも水、舟をくつがえすのも水と説き、曲木を見ては、これでも縄で正せばまっすぐになると（『貞観政要』教戒太子諸王）と訓戒ばかりしていた。しかしとくに『帝範』には、太子治の欠点である柔弱と好内（女好き）であることに全然触れず、一般的な教訓ばかり垂れているのは親馬鹿の標本だという批評もある。

なお貞観末は時代の一つの転機に当たっていたのか、太宗の諸功臣がばたばた世を去っている。魏徴は高句麗遠征に先立ち、六四三年（貞観一七）に死去した。文徳皇后の母のきょうだいである高士廉は、六四七年、七一歳で死んだ。翌年、家柄のバックが全然なく、代作してやった建白書の本当の作者とわかって、抜擢され、宰相にまでなった馬周が世を去った。同年、蕭瑀《しょうう》も死んだ。彼は煬帝の蕭皇后の弟で、隋から唐に仕え、問題のある人物であるが、重要人物であったことは確かである。また同年、房玄齢も死去した。その最後の諫言は先に述べた。

❖獠の反乱

六四八年（貞観二二）九月から一一月にかけて、眉州（四川省眉山県、成都の南）、邛《こう》州（四川省卭峡県）、雅州（四川省雅安県、ともに成都の南西）で、南蛮の少数民族の獠《りょう》が反乱をおこした。この原因は、太宗が翌年に計画していた三〇万の遠征を動員するために要する船の建造をこの劒南道に割り当てたことにある。この船は大きいものは長さ一〇〇尺、幅はこの半分に達した。この造船計画は劒南の人だけでは遂行できず、潭《たん》州（湖南省長沙）の職人を雇わねばならなかった。州県の督促はきびしく、民は田宅・子女を売っても足りず、穀価は暴騰し、世情は騒然となった。太宗が使者を派遣して調べたところ、船一隻は庸絹に換算して二二三六匹、一年丁男二〇日の庸《よう》に換算すると一四九〇人分に当たることがわかった。山谷の材木伐採運搬とこの庸とが重なり、民には堪《た》え難い苦痛となっていた。この報告の結果、太宗は潭州の人の庸賃は官給にして若干の負担を緩和した。

この造船のために、少数民族の獠にも特別に役が課され、その重圧が上記の反乱となったのである。幸いこの反乱は出動した将軍の鎮圧により、大事にいたらなかったが、もし太宗が健在で三〇万の大動員による高句麗遠征が六四九年（貞観二三）に行われていたら、この劒南の小反乱には留らず、諸方に反乱がおこり、隋の煬帝の二の舞となったかもしれない。

❖太宗逝く

六四九年（貞観二三）、この年は前年末以来、雨が降らず旱害に悩まされた。三月一二日にいたって初めて降雨があった。一七日、病をおして太宗は宮城門外に出て、降雨を天に感謝して大赦を行った。四月一日、太宗は長安の東、驪山《りざん》温泉にある翠微《すいび》宮に行幸して病を養った。五月一八日、李勣と並ぶ名将李靖が死去した。

このころから太宗は下痢がますますひどくなってきた。太子治は昼夜太宗の側を離れず、食物ものどを通らず、まだ二二歳というのに白髪がめだってきた。太宗は涙を流しながら太子治に向かい、

汝の孝愛がこのようであれば、私は死んでも恨みはない。

といった。五月二四日、太宗は危篤に陥った。長孫無忌が御殿によび入れられた。太宗は寝たまま、手で無忌の頤《あご》をたたいた。無忌はすすり泣いた。太宗はもういいたいこともいえない。そのまま無忌は退出した。二六日、ふたたび無忌と褚遂良を寝室によび入れ、太宗は、

朕は後事をことごとく二人にまかせる。太子の仁孝はお前たちの知っての通り、補導をくれぐれも頼む。

といい、太子治に向かって、

無忌と遂良がついていてくれれば、汝は天下のことを心配しなくてよい。

といい、さらに遂良に、

無忌は私に忠義を尽くしてくれた。私が天下を保つことのできたのは、多く彼の力による。

私が死んでも、ややもすると誤解を招く無忌を讒人《ざん》に乗ぜしめてくれるな。

といい、遂良に遺詔の草稿を命じ、しばらくして崩御された。ときに五三歳であった。太子は無忌の頸をかかえ、号泣して気絶しそうであった。無忌は涙をはらい、太子に、きちんと事後の処分をして内外を安心させて下さい、といったが、太子は悲しみのため大声で泣きつづけるばかりであった。そこで無忌は、

主上は天下を殿下に付託されました。どうして匹夫のようにただ泣いてばかりおられるのですか。

となだめた。二八日、太宗の遺体は太子のあとから長安に帰ってきた。二九日、正式に喪を発表し、太子が即位した。高宗《こうそう》である。遺詔により、高句麗遠征は中止された。

おわりに

太宗の没後、長孫無忌・褚遂良を中心に高宗補佐の体制は発足した。太宗は死の直前までややもすると他人に誤解される無忌のことを心配していた。果たして、太宗崩御の翌年（六五〇、永徽《えいき》元）正月、長孫無忌の謀反を誣告《ぶこく》する者があった。高宗はたちどころに誣告者を殺し、太宗の遺詔のまま進んでいくかに見えた。

しかるにその年一〇月、褚遂良が中書省の通訳の所有地を不当な廉価で買い上げていることを監察御史が弾劾した。それは公定価であると弁護する者もあったが、公定価と市価は違うとし、遂良とともに、弁護した大理少卿（法務次官）も地方官に左遷され、補佐体制の一翼がもがれた。しかし遂良は翌年正月、宰相に復帰した。

六五三年（永徽四）二月、房玄齢の子で太宗の娘高陽公主の婿である房遺愛《ほういあい》、武徳初以来歴戦の将軍で高祖の娘丹陽公主の婿である薛万徹《せつまんてつ》、高祖の娘平陽公主（娘子軍で名高い）の婿柴《さい》紹《しょう》の子の柴令武（また太宗の娘巴陵公主の婿）、高祖の子で当時三公とよばれる最高官である司徒の職にあった荊王元景、太宗の子で母が隋の煬帝の娘で文武の才があり、一時、太宗が太子に立てようかとさえ考えた呉王恪《ごおうかく》がいずれも自殺させられた。事件は薛万徹と房遺愛が万一のときに荊王元景を立てようと謀ったことにあるとされている。この事件の真相は不明の点が多いが、薛万徹らの野望にかこつけて高宗の地位をねらうおそれのある者を無忌が一網打尽にした感が深い。太宗自身がクーデターで兄と弟を殺害して帝位についていただけに、皇族の有力者に対する無忌らの恐怖ははげしいものがあったろう。

しかし太宗遺詔体制の崩壊は意外なところからおこった。それは高宗の王皇后に子がなく、高宗の愛情が蕭淑妃《しょうしゅくひ》に移っていた。その愛情を割こうとした王皇后が、かつて太宗の女官であり当時尼となっていた武照が高宗の気に入っていたことを思い出し、武照を高宗の後宮に入れた。武照はたちまち高宗の愛情を独占し、高宗は王皇后を廃し、武照を皇后にしようと決意した。しかし長孫無忌と褚遂良は断固反対した。六五五年（永徽六）五月、褚遂良は命をかけて諫止した。しかし武照の権勢がすでに大きくなっているのを見た許敬宗・李勣らの大官が武照につき、遂良はふたたび地方官に左遷され、王皇后は廃され、武照が皇后となった。則天武后である。六五九年（顕慶四）、無忌も許敬宗に誣告されて、地方官に左遷され、太宗の考えた高宗補佐の体制は完全に崩壊した。またこれは同時にこのころ、無忌を最高領袖《りょうしゅう》としていた関隴支配集団の崩壊でもあった。

また六六八年（総章元）、隋の煬帝、唐の太宗ともに大敗を蒙った高句麗が李勣の軍に破られ、武后専制下の柔弱な高宗朝において高句麗が滅亡し、その地に安東都護府が置かれるようになったのも歴史の皮肉というべきであろうか。

本書のこれまでの叙述中、いちいち出典を明示しなかった個所は『周書』『隋書』『旧唐書《くとうじょ》』『新唐書』の歴代正史（いずれも紀伝体）と、編年体の『資治通鑑』に基づいた。『周書』五〇巻、『隋書』八五巻は、六三六年（貞観一〇）に官撰として完成されたものである。『旧唐書』二〇〇巻は唐滅亡（九〇七）後まもなく、五代後晋の九四五年に劉昫《りゅうく》らにより完成された唐代史の根本史料である。『新唐書』二二〇巻は『旧唐書』を補正して、一〇六〇年（北宋仁宗の嘉祐五）に完成された。『資治通鑑』二九四巻は、一〇八四年（北宋神宗の元豊七）に完成された編年史であるが、たんなる正史の編年化ではなく、正史にない史料も収集採用し、その史料の取捨を示したのが『通鑑考異』三〇巻で、そのなかにいま見られない史料の引用が多い。唐の太宗の伝記の重要な史料となる『貞観政要』については、原田種成氏に『貞観政要定本』（一九六二年、財団法人無窮会刊）、『貞観政要の研究』（一九六五年、吉川弘文館）に重要な研究がある。

先人の研究では、塚本善隆・宮崎市定・濱口重國・山崎宏・外山軍治・谷川道雄諸氏の業績にとくに負うところが多い。また同僚黒川洋一教授には種々助言を賜った。特記して謝意を表する。なお楊広および李世民についての拙見は本書には結論のみ記した点が多いが、詳細な実証の経過は拙著『隋唐史研究――唐朝政権の形成』(一九六六年、同朋舎出版刊)を参照していただきたい。

隋の煬帝（楊広）・唐の太宗（李世民）年譜

（隋の煬帝と唐の太宗の項の算用数字は年齢）

西暦	王朝皇帝年号	隋の煬帝		唐の太宗		重要事項
五五〇	**西魏**文帝大統一六		祖父楊忠、西魏の大将軍となる。		曾祖父李虎、西魏の柱国大将軍となる。	西魏八柱国十二大将軍制完成。北斉成立。
五五二	廃帝　元					突厥独立。
五五四	恭帝　元		忠、「普六如」姓賜わる。			後梁成立。
五五七	**北周**孝閔帝　元		忠、北周の小宗伯となる。			北周成立。南朝陳成立。
五五九	明帝武成元		忠、隨国公となる。			
五六〇	二		父楊堅、左小宮伯・隨州刺史・大将軍となる。			
五六六	武帝天和元				父李淵、生まれる。	
五六八	三		忠、死去。堅、隨国公となる。			
五六九	四	1	楊広、生まれる。			
五七〇	五	2				ムハンマド、生まれる。
五七一	六	3	弟俊、生まれる。			
五七二	建徳元	4				北周の宇文護殺される。
五七三	二	5	堅の娘、太子（後の宣帝）妃となる。			

五七四	**北周**武帝建徳三	6			北周廃仏。聖徳太子生まれる。
五七七	六	9	堅、州総管となる。		北周、北斉を滅ぼす。
五七八	宣帝宣政元	10	堅、皇后の父となり、上柱国・大司馬となる。		北周、宣帝立つ。
五七九	静帝大象元	11	堅、大前疑となる。		北周、静帝立つ。
五八〇	二	12	堅、大丞相となる。		北周、尉遅迥らの反乱。
五八一	**隋** 文帝開皇元	13	堅、隋を開く。広、晋王となる。	淵、隋の千牛備身となり、ついで州刺史歴任。	隋、開皇律公布。
五八四	四	16			広通渠完成。楊素、御史大夫となる。
五八六	六	18	広、揚州牧・内史令となる。		山陽瀆完成。
五八七	七	19	おじ爽、納言となる。		
五八八	八	20	広、淮南道行台尚書令となり、征陳準備開始。爽、殺される。		
五八九	九	21	広、総司令官として陳を滅ぼす。		楊素、納言となる。
五九一	一一	23	広、智顗を江都に招く。おじ瓚殺される。		
五九二	一二	24	弟秀、内史令となる。		楊素、尚書左僕射に。
五九五	一五	27			郷官・中正官廃止。
五九七	一七	29	弟諒、并州総管となる。		

五九八	**隋** 文帝開皇一八	30	諒、高句麗遠征の行軍元帥となる。	1	李世民、生まれる。	高句麗遠征。
六〇〇	二〇	32	太子勇が廃され、広、皇太子となる。弟俊、殺される。	3		
六〇一	仁寿元	33		4	淵、岐州刺史となる。	
六〇二	二	34	母独孤皇后死去（五〇歳）。	5		
六〇三	三	35		6		聖徳太子、冠位十二階制定。
六〇四	四	36	堅（文帝）死去。広、即位し煬帝となる。諒、反乱おこす。	7		
六〇五	煬帝大業元	37	通済渠・邗溝完成。江都へ行幸。	8	このころ、世民病弱。	
六〇六	二	38	東都洛陽完成。	9	淵、滎陽太守となる。	楊素、死去。
六〇七	三	39	楡林行幸。	10		大業律公布。倭国遣隋使派遣。
六〇八	四	40	永済渠完成。啓民可汗来朝。	11		新羅、隋に出兵要請。
六〇九	五	41	大索貌閲を行う。	12		突厥、始畢可汗立つ。
六一〇	六	42	江南河完成（大運河完成）。	13		
六一一	七	43	高句麗遠征準備開始。	14		山東河南大水。
六一二	八	44	第一次高句麗遠征。	15		
六一三	九	45	第二次高句麗遠征。楊玄感の反乱。内乱拡大。	16	世民、長孫氏と結婚。淵、衛尉少卿・督運・弘化留守となる。	
六一四	一〇	46	第三次高句麗遠征。	17		

六一五	隋	煬帝大業一一	47	雁門で始畢可汗に囲まれる。	18	淵、太原道安撫大使となる。世民、策を雲定興に献ず。	
六一六		一二	48	江都行幸。	19	淵、太原留守となる。	宇文述死去。
六一七		恭帝義寧元	49	孫恭帝、李淵に擁立される。	20	淵、太原起義。	
六一八	唐	高祖武徳元	50	煬帝、宇文化及に殺される。	21	淵が唐をおこし、世民、秦王となる。世民、薛仁杲を破る。	薛挙・李密死去。
六一九		二		宇文化及、敗死。	22	長子承乾、生まれる。	劉武周、太原を奪う。
六二〇		三			23	世民、王世充と戦う。	
六二一		四			24	世民、王・竇連合軍を破り、天策上将となる。	
六二二		五			25		ムハンマド、聖遷（ヒジュラ）。聖徳太子死去。
六二三		六			26	世民、頡利可汗と和睦。	
六二四		七			27		武徳律令公布。楊文幹の反乱。
六二六		九			29	玄武門の変。世民、即位し、太宗となる。	頡利可汗、渭水まで進出。
六二八		太宗貞観二			31	明君暗君問答。	天下完全に平定。このころ、玄奘インドへ出発。裴寂死去。
六三〇		四			33	このころより貞観の治。	頡利可汗、降伏。倭国遣唐使派遣。杜如晦死去。

六三一	唐 太宗貞観 五	34	高句麗に遺骨収集依頼。	
六三二	六	35	貞観氏族志の編集開始。	ムハンマド死去。
六三四	八	37		吐蕃、唐へ遣使。
六三六	一〇	39	創業守成問答。府兵制完成。長孫皇后死去。二男泰、魏王となる。	
六三七	一一	40	貞観律令完成。	姚思廉死去。
六三八	一二	41	貞観氏族志完成。	虞世南死去。
六四〇	一四	43	高昌滅亡。魏王泰宅へ行幸。	長安に外国人留学生八千人。五経正義の編集開始。
六四一	一五	44	文成公主が吐蕃へ出嫁。	ハルシャ王遣使。欧陽詢死去。
六四二	一六	45		高句麗泉蓋蘇文のクーデター。
六四三	一七	46	太子承乾廃され、晋王治が太子となる。	魏徴死去。
六四四	一八	47	高句麗遠征準備。	
六四五	一九	48	第一次高句麗遠征。	玄奘、インドより帰る。顔師古死去。乙巳の変。
六四六	二〇	49	健康すぐれず。	大化改新の詔発布。
六四七	二一	50	第二次高句麗遠征。	王玄策、インドへ。高士廉死去。

六四八	**唐** 太宗貞観二二			51	第三次高句麗遠征。	馬周・蕭瑀・房玄齢・孔穎達死去。
六四九	二三			52	太宗死去。高宗即位。	李靖死去。
六五〇	高宗永徽元					長孫無忌、誣告され、褚遂良、弾劾される。
六五三	四					房遺愛ら謀反。
六五五	六				高宗王皇后廃され、則天武后が皇后となる	

参考文献

『隋の煬帝』　宮崎市定　新人物往来社
『唐の太宗』　谷川道雄　新人物往来社
『唐とインド　世界の歴史4』　塚本善隆　中央公論社
『隋唐世界帝国　東洋の歴史5』　外山軍治　新人物往来社
『大唐の春　大世界史4』　石田幹之助ほか　文芸春秋社
『大唐帝国　世界の歴史7』　宮崎市定　河出書房新社
『東アジア世界の形成Ⅱ　岩波講座　世界歴史5』　堀敏一ほか　岩波書店
『六朝と隋唐帝国　世界の歴史4（教養文庫）』　布目潮渢ほか　社会思想社
『隋唐帝国　中国の歴史4』　布目潮渢ほか　講談社
『九品官人法の研究』　宮崎市定　東洋史研究会
『秦漢隋唐史の研究（上・下）』　濱口重國　東大出版会
『隋唐帝国形成史論』　谷川道雄　筑摩書房
『隋唐史研究—唐朝政権の形成』　布目潮渢　同朋舎出版
『隋唐仏教史の研究』　山崎宏　法蔵館
『古代朝鮮』　井上秀雄　日本放送出版協会

『大運河　世界史研究双書』星斌夫　近藤出版社
『貞観政要定本』原田種成　無窮会
『貞観政要の研究』原田種成　吉川弘文館
『中国の書と人』外山軍治　創元社
『隋煬帝』韓国磐　武漢市湖北人民出版社
『唐太宗』李唐　香港宏業書局
『Fitzgerald, Son of Heaven』AMS　New York
『唐代政治史述論稿』陳寅恪　北京三聯書店
『隋唐五代史』呂思勉　北京中華書局
『中国通史簡編第三編第一冊』范文瀾　北京人民出版社
『唐史考辨』李樹桐　台湾中華書局

さくいん

【ら・り・ろ・わ】

新《しん》・人《ひと》と歴史《れきし》　拡大版《かくだいばん》　27
隋《ずい》の煬帝《ようだい》と唐《とう》の太宗《たいそう》　暴君《ぼうくん》と明君《めいくん》，その虚実《きょじつ》を探《さぐ》る

定価はカバーに表示

2018年5月30日　初　版　第1刷発行

著　者　布目《ぬのめ》　潮渢《ちょうふう》
発行者　野村　久一郎
印刷所　法規書籍印刷株式会社
発行所　株式会社　**清水書院**
〒102－0072
東京都千代田区飯田橋3－11－6
電話　03－5213－7151㈹
FAX　03－5213－7160
http://www.shimizushoin.co.jp

カバー・本文基本デザイン／ペニーレイン　DTP／株式会社 新後閑
乱丁・落丁本はお取り替えします。　ISBN978－4－389－44127－2